逃げたって いいじゃない

香山リカ

X-Knowledge

まえがき

「つらいんですよ。今の会社が」

精神科医になってから、そんな言葉を何千回、聴いただろうか。いや、何万回かもしれない。「会社」のところには、「家族との生活」「夫との関係」「ママ友とのつき合い」などなど、ほかのさまざまな言葉が入ることもある。

精神科や臨床心理士が話を聴くときの基本は「傾聴」だから、まずはその人の話に耳を傾ける。そこでは「共感」も大切なので、「そうですか、それはしんどいでしょう」など理解を示す言葉も発する。

しかしそのあと、私はこんなひとことをつけ加えることがある。

「じゃ、ちょっと休みますか、会社。やめるんでもいいし」

「来年あたり、家を出て1人暮らしするのはどうですか?」

「ずっと結婚生活を続けなきゃいけない、なんてことないんですよ!」

「お子さんが幼稚園を出たらママ友とはバイバイなんで、もう少しです」

そう言うと、相談に来た人たちは目を丸くしてこう言う。

「えっ、対処法を教えてもらえるかと思ってここに来たのに、それじゃ逃げるのと同じじゃないですか」

その言葉を聴くと、私は「出た」と心の中でニンマリ笑って、ひとこと。

「そうですよ。でも、逃げたっていいじゃないですか」


逃げたっていい。

これはその場しのぎでもなんでもなく、精神科医として、というより1人の人間としての私の信念のようなものである。

私自身、今から振り返ればいろいろなものから逃げてきた。例えば、高校生のときは受験勉強のつらさから逃げて、遠藤周作や北杜夫、筒井康隆や星新一といろいろな作家の小説を読み耽《ふけ》った。その結果、第一志望の国立大学にはあっさり不合格。先生や親は「勉強から逃げてばかりいるからこうなった」と渋い顔をしていたが、私は「そうは言われても、ハードな受験勉強なんて私にはムリだったし」とどこか受験の失敗にも納得していた。

翌年はなんとか私立医大に滑り込んだが、そこでもまた〝逃げ〟の本領発揮。医学部の学生生活は実習やレポートに追いまくられるのだが、私にはとてもそれらを全力でこなす能力も根性もなく、単位が取得できるギリギリのラインを目指すことにした。そして、そこでもまた、医学と関係ない本を読んだり、さらには編集プロダクションに出入りして自分でも文章を書くようになったり。落第スレスレの成績表を見るたびにヒヤヒヤしたが、「逃げちゃいけない。もっとしっかり勉強しなきゃ」と思ったことは一度もなかった。なぜなら、そうしたら自分がダウンしてすべてを投げ出してしまうことを、よく知っていたからだ。

このように、私は逃げに逃げて、またさらに逃げた先からも逃げ続けて、この年齢まで生きてきた。誰かにもし、「逃げるな！　一度くらい真正面から戦ってガンバレ！」などと言われてたら、その時点で完全につぶれてしまい、今ここでこうやって文字を書いていることもないだろう。

もちろん、「逃げなければよかったな」と思うこともないわけではない。あの勉強、あのスポーツ、あの仕事、そしてあの恋愛。逃げずにもう少し取り組み続けていれば、さらなる幸せも待っていたのかもしれない。でも、そんな幸福や成功を手にしたとしても、燃えつきて疲れきって、そのあとボロボロになっては意味もない。「すべてはそこそこ、いまひとつの私の人生だけど、まあこれでよかった」とも思っている。

この本では、そんな〝逃げの達人〟である私が語る逃げ方のコツ、逃げるタイミング、でもここだけは逃げちゃいけないときについて、などなどが語られている。精神科医として話している箇所もあれば、1人の人間、ひとりの女性として語っているところもある。

逃げたっていい。いや、逃げなきゃいけないときもある。そして、逃げればたいていのことは解決する。

「えっ、ホント？　そんなわけないでしょ」と思っているあなたにこそ、ぜひこの先を読んでみてほしい。

さあ、お手をどうぞ。いっしょに華麗なる〝逃げの旅〟に出かけましょう。

目次

第1章

心がつらいときは逃げていい

第2章 働きづらい職場から逃げる

第3章 家族のうっとうしさから逃げる

第4章

ジェンダー、ルッキズムから逃げる

第５章 ネットの呪縛から逃げる

第6章 『逃げる』は戦うことでもある

カバーイラスト　サキザキ ナリ
装丁　田中俊輔（PAGES）
本文デザイン　平野智大（マイセンス）
撮影　渡辺七奈
編集協力　福士 斉
編集　加藤紳一郎
印刷　シナノ書籍印刷

第1章

心がつらいときは逃げていい

逃げるのは自由になるための手段

パワハラを受けている職場から逃げたい、家族のしがらみから逃げたい、わずらわしい人間関係から逃げたい……。心がつらくなってどうしようもないとき、逃げるのは大事な選択肢の1つです。

例えば職場において、自分にはまったく非がないのに、権力を笠に着た上司が横暴な振る舞いをしたり、自分を支配しようとしたりするような状況は必ずといってよいほど起こりうるもの。そんな自分ではどうにもならない環境に無理にとどまっていると、心を病んでしまうこともあります。私は精神科医として、これまでにそんな患者さんをたくさん診てきました。

＊

今は終身雇用の時代ではありませんし、自分に合わない職場だと思ったら、自由に転職してもよいはずです。しかし職場環境においては昭和の精神論が、いまだに幅をきかせているような気がします。

高度経済成長期（1955～1973年）の頃、日本の会社は今でいうところのパワハラや長時間労働が当たり前。会社で理不尽な扱いを受けても、それに耐えて自分が変わっていかなければならない。そんなメンタリティーが支配的な時代でした。

その一方で、がまんを強いられて職場の犠牲になる人もたくさんいました。精神的に病んだ人もいますし、過労死した人さえいます。無理をしてその場所にとどまったり、自分が耐え忍ぶことが、決してよい結果を招いているわけではないのです。

そういう意味で、この本では今自分が置かれている環境を変えたり、別な場所に移動したり、わずらわしい関係性をリセットすることを「逃げる」と表現しています。

逃げるというと、「ずるいやつだ」とか「あいつは負けたんだ」とか言う人がいますが、そんなことを気にする必要はありません。逃げるという行為は自分が自由になるための手段なのです。

「逃げる」が肯定された時代があった

かつて「逃げる」ことがポジティヴに語られていた時代がありました。それはバブル景気前夜の1984年。浅田彰さんの『逃走論　スキゾ・キッズの冒険』という本がきっかけでした。

浅田さんはドゥルーズとガタリなどのフランス現代思想を下地にして、既存の価値観から軽やかに逃げることを説きました。当時、私は大学生で浅田さんは憧れの存在でしたが、彼のメッセージは高度経済成長期のがむしゃらに働いてきた世代に対するアンチテーゼとして、当時の若者たちに圧倒的な支持を受けました。

＊

一言で言うのは難しいのですが、80年代というのは、既存の権威にとらわれない自由な時代でした。例えば大学教授と小説家、あるいは哲学者とミュージシャンがコラボしてトークイベントを行ったり、本を出版したりしていました。そんなことはそれまであまりなかったように思います。

当時の大学教授は研究者同士で学問的な議論するのが当たり前の時代。一方で、ミュージシャンたちは、学問とはまったく別の世界で、自分たちの音楽を創造したり演奏をする。そんな棲み分けがはっきりありました。

またそれまでの日本は、今以上に学歴が大事とされていて、給与などの待遇面でも大卒と高卒では差別されていました。その一方で、会社は終身雇用、年功序列で年々地位も給料も上がっていく、そんな時代でした。

それが80年代になると、お互いを隔てていた壁がガラガラと崩れ落ちて、まったく別ジャンルの人たちが出会ったり、年齢や学歴、収入とかに関係なく、ある種のセンスだけで共鳴した人たちが一緒になって自由に表現する。そんなことができた時代だったと思います。

それまでは定職がないというのはすごくネガティヴなものだったのが、「フリーランスのアーティストです」と言う人も出てきました。なんだかとてもポジティヴな言い方ですよね。今のＵｂｅｒ ｅａｔｓの配達員のようなフリーランスとはイメージがだいぶ違いますが、そんな働き方もだんだん認められていくようになってきたのがこの時代です。

＊

自由に変幻自在に行動することがかっこいい。こだわりなくさまざまな情報や知識や技術を取り入れたり、旧来のしがらみを飛び越えるようにして生きて、駄目だったらそこから逃げて別の場所に移っていく。そんな働き方や生き方が、認められるようになりました。

いわゆるノマド（遊牧民）的な生き方がかっこいい。それを浅田彰さんは、定住型パラノイア（偏執状態）／ノマド的スキゾフレニア（分裂状態）という言い方で図式化しました。ノマド的なひとところにこだわらない生き方こそが軽やかなんだと逆手にとって、浅田さんは『逃走論』などの著作で展開したわけです。

「脱領土化」とか「横断性」とかいろんなキーワードがありましたが、飽きたら別のジャンルに移るだけのことです。私もその時代は、開放的な気持ちになりました。旧来のしがらみにこだわらなくてもよい時代がやっと来たと思いました。

バブルがはじけて時代が逆戻りに

80年代、新しい文化に理解があったセゾングループ代表の堤清二さんが、六本木にWAVEというレコードショップが入っているビルを建てて、その最上階に堤さん直轄の文化研究会のような会社（SEDIC。セディック）をつくりました。私も訪ねたことがあるのですが、社員も訪問者も「こんな面白いゲームあったよ！」というようなことを言いながら、みんなゲームをしていて、遊んでいるようにしか見えませんでした。でもその遊んでいるような仕事の中から、新しい商品やサービスが生まれていました。仕事の中に遊び心があったのです。

＊

ところが、90年代に入ってバブル経済が崩壊すると、日本は長い不況の時代に突入します。それ以来、日本は経済的な停滞の中にずっといるわけです。同時に前述したような80年代的な生き方も否定されて、遊び心を持って仕事をしていた人たちに対して、「いつまで遊んでいるんだ」と言われているような雰囲気が強まっていきました。

１９９８年には日本の自殺者が3万人を超え、その前年には北海道拓殖銀行や山一證券が破綻しています。大銀行や誰もが知っている証券会社がつぶれてしまったので、90年代の終わり頃には、何が起こっても不思議ではないくらい日本経済が行き詰まっているような空気がありました。

さらにゼロ年代（２０００年代）に入ると、海外から成果主義や競争主義が入ってきて、「稼げないやつはダメなやつだ」と言われる時代になります。「リストラ」という言葉も流行ってきて、いくら長年会社に貢献した人でも、売り上げが悪い人は冷酷に切り捨てるような世の中になってきました。

そうなると、前述のような遊び心を持って仕事をしている人や、楽しさを感じながら仕事をしていた人たちを抱える会社もなくなります。

かといって、昔のように「コツコツやればいい」というのとも違います。終身雇用や年功序列もなくなり、成果主義で評価されるようになったから、いかに人を蹴落として会社の中で頭角を現すかが大事になってくる。会社ではそういう人が重用されるようになってきたわけです。

そんな会社からは逃げて、やめてしまえばいいじゃないかと思う人がいるかもしれません。でもやめて次の仕事がすぐ見つかるという保障はありません。金銭面も含めて、逃げづらい時代に逆戻りしてしまったわけです。

成果主義で会社にしがみつくように

そんな時代に、私は精神科医の仕事に加え、産業医としての仕事を始めてみました。

産業医というのは、いろんな会社の従業員の健康を守るのが仕事です。その当時、企業で働く人たちのメンタルに関心があったことから、月に何日かをその仕事にあてることにしたのです。

2000年頃から、月に2回、さまざまな企業や自治体が行う仕事に加わり、メンタル的に落ち込んでしまった人を面談したり、休職してる人が復職できるかどうかを判定したり、そんな仕事をおもにしていました。

そこで成果主義を取り入れていた民間企業では、うつ病の休職者が急増して大変な状況になっていることがわかりました。

それまでは、職場でお互いに助け合って仕事をしていましたが、成果主義で評価される時代になると、自分が生き残るのに精一杯ですから、他人を助けるような余裕はなくなってしまいました。するとそこから脱落していく人もたくさん出てくるので、逆に会社全体の売上げが落ちていきます。そんな皮肉な結果を招いてしまった企業もありました。

お金持ちがあこがれの対象になる時代

会社だけではありません。例えば子どもの受験でも、友だちを蹴落として自分が上に立つことがよしとされるようになりました。子どもの頃から、人生のあらゆる場面で、競争に勝たなければならない。そうやって生きていかないと、生き残れない。そのために何をすべきか、ということをみんなが考えるようになってきたわけです。

とにかく人を蹴落として、自分が上に立つみたいなことを、人生のあらゆる立場、あらゆる場面で、やっていかなければいけない。

その一方で、株取引などで安易に巨額の利益を得ている人が尊敬されるようになってきました。

＊

２０００年代になると、拝金主義というのか、お金持ちがあこがれの対象になってきます。ほとんどの人は給料も上がらず、自分がそうなれる可能性は極めて低いのに、なぜかお金持ちにあこがれてしまう。屈折していますね。

豪邸に住んでいる人が家の中を公開するようなテレビ番組があります。ただただ、豪華な暮らしぶりを見せるだけの番組で、みんな何が楽しくて観ているのか私にはわかりませんが、人気があるようです。

おそらく、自分には絶対に手が届かないとしても、それが目指すべき生き方のモデルになってしまったのでしょう。「お金のある人にはかなわない」といったあきらめの感情があるのかもしれません。自分たちの生活とは全然異なるので、まったく別の世界の住民だと思って観ているのでしょうか。

今は格差によって富める者とそうでない者の分断が進んでいると言われますが、案外持たざる者たちは分断されているとは思っていないのかもしれません。

＊

芸能人など著名人のSNS（ソーシャル・ネットワーキング・サービス）をフォローしている人にも、同じような不思議さを感じます。例えばある芸能人夫婦が子どもの入学式に2人そろって出かけたと、SNSに投稿したとします。するとそれを賞賛するようなコメントがいっぱいつくわけです。その芸能人夫婦のファンなのかもしれませんが、それでその人たちとの距離が近くなるわけでもありません。

昔なら週刊誌で芸能人のプライベートに関する記事を読んでも、仲間内で話題にするしかできませんでしたが、SNSは著名人と直接つながれるという幻想をもたらすのかもしれません。あるいは、SNSをフォローした瞬間、あの人たちとつながったと錯覚しているのかもしれませんね。

自我を進んで漏洩させる人たち

実はSNSが登場したことによって、私たちは常に人に見られる世界にいることになりました。

精神科の深刻な症状に、自我漏洩《ろうえい》症候群というのがあります。統合失調症などの一部の精神疾患に現れる症状群ですが、自我が漏れる、つまり自分の心の中やプライバシーが誰かに見られて知られているという妄想なのです。

私はかつて自我漏洩症候群に興味を持って、症例を集めていたことがありますが、その中で、「テレビが自分を監視している」という妄想を持つ症例がいくつかありました。テレビのニュースが自分のことを話しているといった妄想です。

自我漏洩症候群症の患者さんを何人か診察して話を聞いたこともあります。例えば私が「テレビで自分のことが話題になっているのはうれしいですか?」と尋ねると、ほぼ全員が「こんな生き方は嫌です」と答えます。「テレビで自分のことが話題になっているなんて、有名人じゃないですか?」と問うと、「いや、それが苦痛で苦痛で、落ちつきませんね」と言うのです。

*

その頃、とても興味があった映画が2本あります。1つはハリウッド映画の『トゥルーマン・ショー』(1998年)。主人公はテレビ局が制作した壮大なドキュメンタリーの登場人物として、赤ちゃんのときからずっと撮影されていて、その映像がそのままリアリティ番組『トゥルーマン・ショー』として世界中で放送され続けていました。成長過程がずっと中継されているんですけど、そのことを本人だけは知らされていません。それがある日、自分が撮影されていることに気づいて、その世界から脱出しようとするストーリーです。

もう1本は『エドtv』(1999年)。マイナーな映画ですが、私はこっちのほうがすごい作品だと思っています。あるローカルテレビ局が24時間撮影されてもかまわないという人を募集し、エドという人がそれに応募するところから物語は始まります。そしてエドは当選して、テレビカメラが自分を24時間追っかけてくるというのが基本的なストーリー。エドは、最初はお金がもらえるし、有名にもなれるということで喜んでいましたが、24時間カメラが追いかけてくることにだんだん苦痛を感じていくのです。

『トゥルーマン・ショー』も『エドtv』も、自分がドキュメンタリー映画の被写体になって、社会から見られていることを苦痛に感じるという物語です。

それと同じようなことを自我漏洩症候群の患者さんが言うわけです。妄想であっても、自我が漏れ出して、それを自分でコントロールできないというのは、すごい苦痛だと思います。

24時間つながっているのは幸福ですか?

だからスマホが登場して、SNSをみんながやり始めたとき、これは流行らないだろうと私は思っていました。でもその予想は完全に外れました。

SNSの初期は、「新宿なう」のように、いちいち自分の行動を公にしていました。こういう行為は自分から「自我漏洩」を起こしているようなものだから、それに人は耐えられないだろうと思っていました。

ところが、その状況が今も続いているだけでなく、もっと詳細に自分の行動を公にするようになってきました。もちろん、SNSの投稿は自分でコントロールできるのだから、知られたくなければ投稿しなければよいのですが、まるで義務のように自分が食べたものや出かけた場所を写真付きで毎日SNSに投稿している人もいます。

＊

実はそのことが苦痛だという人もいます。私の患者さんでも、SNSにアップするためだけに外食をするとか、映え写真を撮るために食べたくもない料理をつくるとか、子どもが行きたくないと言っているのに写真を撮るためだけにお出かけするとか。「そんなのやらなきゃいいのに」と言われるかもしれませんが、やっている人たちにとってはやめるわけにはいかないのです。

フォロワーみんながSNSを見ていますし、友だちはもっとすごい写真をアップしているからやめられない。患者さんや、少し前まで私が教えていた学生たちもそんなことを言っていました。もうSNSから逃げられなくなっているのです。

ネット上ではウソをつきたくない

SNSがやめられない学生に、「出かけたくないなら、ネットから適当な写真を拝借してアップしたら？」と言ったことがあります。でも学生は「そんなウソはつきたくありません」と言うのです。それに対して私が「行きたくないのに行くのもウソなんじゃない？」と尋ねると、「それはいいんです」と答えます。ウソかどうかの倫理観の線引きは難しいのですが、学生に言わせると、行きたくなくても人気の行楽地とかに行って笑顔で写真を撮ることが正しいのだそうです。

今の人たちはウソはつきたくないから、SNSに投稿するためだけに、食事をつくったり、外出したりしているのです。楽しくもないのに笑顔をつくって写真を撮るなんて、私からすると不思議ですけど。もはやスマホに自我を漏洩させることが、ある種のデフォルトになっているといってよいのではないでしょうか。

＊

スマホのテレビ電話機能を24時間つなぎっぱなしにしているカップルがいます。常にそれで会話しているわけではありませんが、ときどきお互いを確認するようにして会話しています。いつもお互いがつながっていることが大事なのでしょう。

『アップルタウン物語《ストーリー》』というファミコンのゲームソフトがあります。発売された1987年当時、日本でも話題になりました。1人の女の子の生活をずっと観察する、覗き願望を満たすようなゲームです。ヒッチコックの『裏窓』（1954年）という映画のような世界観をゲームにしたわけです。

YouTuberで自分の生活をつなぎっぱなしで配信している人もいますが、それをついつい見てしまう人も、同じような「覗き覗かれ」という関係に囚われているのかもしれません。

患者さんの中にも、ネットにつなぎっぱなしにすることで、自分と恋人がお互いを束縛し合うようになり、そのことで悩んでいる人が何人かいました。それが愛情なんだと思っている人や、恋人といつも一緒でうれしいと言う人もいましたが、そんなことをしていれば、どんなに好きでもだんだん疲れてきます。精神科医としてはお勧めできません。

スマホが登場してから起こっていることはとても不思議です。人に自分を見てもらいたいとか、自分のことを知ってもらいたいという欲望が、自我漏洩の苦痛を上回っているわけですから。その欲望に取りつかれて、結局ハッピーではなくなっている人たちが増えているように感じます。

ポケベル、ガラケー、そしてスマホへ

スマホが出てきたとき、「スマホは人を解放するか束縛するか?」といった議論がありました。私は今、北海道むかわ町の診療所に勤務していますが、月曜から木曜までは仕事が終わったら町の宿舎で過ごします。でも緊急用のスマホを持たされているので、何か呼び出しがあれば病院に戻らないといけません。逆にいうと、スマホがないと連絡できないから診療所にずっといなければなりません。スマホがあるから、宿舎に帰れるわけです。

＊

医者だった私の父は基本的にずっと病院にいました。固定電話しかなかった時代で

すから、行く場所を告げてからでないと外出できません。例えば「これから1時間、本屋に行ってくる」と言って外出するわけです。

本屋に行っていることはわかっているので、何か緊急の用事があれば、本屋さんに電話をかけて呼び出してもらっていました。

でもポケットベル（無線呼び出しサービス）が登場すると、「もう行く場所を告げずに外出できるから自由だ」と喜んでいました。それまでは、本屋から映画館に移動するときなどは、公衆電話から自宅に電話して「これから映画を観に行くから」と言わないといけません。そのわずらわしさから解放されたわけです。

その後、父もポケベルからガラケー（ガラパゴスケータイ、おもに二つ折り携帯電話を指す）に、さらにスマホを持つようになったので、より自由度が高くなったと思います。

どこにいるかわかってしまう時代

逆にいうと、父は誰も知らない場所に逃げることができなかったとも言えます。特に今のスマホはどこへ行っても逃げられない仕組みになっています。位置情報共有アプリなどを用いれば、お互いがどこにいるかわかります。親子で子どもの見守りに使うとか、いろんな使い方があるみたいですが、学生でも使っている人がたくさんいました。

私が「どうやって使うの?」と尋ねると、例えば大学の近くの街で、少し時間ができたとき、友だちが近くにいないかと思ってそのアプリを見ると、誰がいるかわかる。その人に電話して、「これからちょっとお茶しない?」と誘ったりするのだと言っていました。学生に言わせると、どこでも友だちを見つけることができて便利なんでしょうね。

でも知られたくないときもあるのではないでしょうか。そのアプリは曖昧設定とかできて、ごまかすことができるといいますが、基本的に自分がどこにいるかわかってしまう時代なのです。

このアプリに関してはおもしろい話があって、例えば自分の彼氏と女子の友だちがアイコン状で重なって移動しているのが見えたというのがあります。真相は、彼氏が自分の友だちと浮気をしていて、それが可視化されてしまったわけです。やましいことがあるなしに関わらず、スマホによって彼らや彼女らは監視されているわけです。

最近は会社の営業マンもそういったアプリを入れていて、どこで何をしているか全部会社に見られていると言われています。

＊

携帯電話がない時代では、営業マンが喫茶店で時間をつぶしている光景をよく目にしました。昔は勤務時間中でも喫茶店はもちろん、パチンコ店や映画館に行って休憩する方法があったと思います。今はそういうことが一切できなくなったから、相当窮屈だと思います。

なぜスマホの電源が切れないのか？

スマホから逃げる一番簡単な方法は、電源を切ること。でも実際にはスマホの電源を切ったら、「なんで電源を切ってたんだ」と言われてしまいます。アメリカや韓国、日本にはデジタルデトックスといって、スマホを預けて山の中とかでみんなでキャンプをするようなサービスがあります。でも金額がものすごく高い。そんなお金を払わなければスマホが切れないというのは本末転倒のような気がします。それにデジタルデトックスの情報もスマホで調べて行くのでしょうから、よく考えてみたらバカバカしいですね。

でもそんなサービスがあるということは、それだけみんなスマホに依存しているということなのでしょう。以前、学生に「財布とスマホをどっちが大事ですか？」と聞いたことがありますが、誰もが「スマホ」と答えるんです。もっとも今はスマホとお財布（電子マネー）が一緒になっていますけどね。

どうしてスマホの電源が切れないのか、それをもう少し客観視して、カメラが自分の近くにあると想像してみてはいかがでしょう。「メタ認知」といいますが、先ほどの『トゥルーマン・ショー』や『エドｔｖ』の世界に自分がいると想像するのです。

そんな想像をしたら「スマホってかなりわずらわしいものだ」と思えるかもしれません。またそういう想像をすることによって、スマホを切ったり、電源が入っていても、あえて見ないという選択ができるかもしれません。あるいは友人同士で、電源を切る自由を認めようという決め事ができるかもしれないですね。

誰にも行き先を告げずにいなくなる

逃げるというのは、行き場所を誰にも告げずにいなくなることだと定義してみましょう。おそらく人間には逃げるという行為が必要な存在だと思います。

誰にも告げずに喫茶店に行って時間をつぶすというのは、会社からみればサボっていることになりますが、労働者にとって仕事のストレスからいっとき逃げることなのだと思います。

他者の監視から消えて、自由に自分の好きな場所に行くことと、事前に報告してから行くのとでは、やっている行為は同じでも、心理的な意味が違ってくるのではないかと思います。

＊

そんな経験は私にもありました。精神科の研修医時代、北海道の大学病院で1年間研修しましたが、その病院の精神科病棟はメインの病棟から渡り廊下を通って行くような外れのほうにありました。そこに1日中拘束されていたんですね。

その精神科病棟は大学病院の裏口にも近いので、私はそこから出て近くの喫茶店に行っていました。その喫茶店にはビデオゲームがあったので、お茶を飲んでゲームで遊んで、それからなにくわぬ顔で病院に戻る。そんなことをしていたのです。

別にゲームをしたいから行っていたわけではありません。今から思うと、病院にずっといないといけない立場だったので、そこから少しの時間でも姿を消したかったのでしょう。その行為に何か背徳的なワクワクを感じていたのかもしれません。

短時間なので、たぶん誰も私がいなくなったことには気付いていなかったと思います。「彼女はどこに行ったんだろう?」と思う人がいたかもしれませんが、病院というところはいろんな場所があるので、「どこか他のところに行っているんだろうな」くらいにしか思われていなかったと思います。特に問題も起こりませんでしたから。

＊

患者さんにも同じようなことをしている人がいました。別の精神科の病院での話ですが、何年も入院している患者さんが、病院からいなくなることがたまにありました。「離院」と言うのですが、いないことがわかったら病院は大騒ぎになります。

ようやく見つかって、「どこに行ってたの?」と聞くと、「ちょっとスーパーに行ってみたかった」とか答えます。外出届けを出せばスーパーに行くことができる患者さんなのですが、外出届けを出してからスーパーに行くのと、そっといなくなって何か買ってくるのとでは意味が違うのだと思います。たぶん患者さんは病院からいっとき逃げたかっただけなのでしょう。

命に関わることなら逃げられるはず

人は誰でも逃げたいときがあると思います。今いる場所から姿を隠したいときがある。でも今はスマホがあるから、現実的には逃げることが難しくなっています。

そんな時代だからか、逃げるのは否定的にとらえられています。『新世紀エヴァンゲリオン』（最初のアニメ放送時は1995～1996年）の主人公の一人、碇シンジは自分に言い聞かせるように、「逃げちゃダメだ！」と何度も言っていて、名言と呼ばれたりもしていますが、あのアニメの中では逃げることがネガティヴにとらえられているような気がします。

80年代の『逃走論』の時代は逃げることをポジティヴに捉えていて、「逃げていいんだよ」というメッセージがあったと思いますが、いつのまにか「逃げるなんてとんでもない」と、逃げることの意味が逆転してしまったように思います。

逃げちゃダメだと言っていますが、災害が起こったら逃げなければいけません。ところが、そんな事態になっても、逃げるのに抵抗を持つ人がいるような気がします。

＊

台風や豪雨のとき、避難所が設置されます。そしてＮＨＫが繰り返し「命を守る行動をしてください」とメッセージを発していますが、すべての人が避難所に行くわけではありません。

これまで述べてきたような精神的に逃げることとは比較できませんが、災害が起こったら物理的に逃げなければ命を失うこともあります。３・11（東日本大震災）の津波のときも、自分は大丈夫だと判断した人が亡くなって、逆にパニックになって急いで高台に逃げた人が助かったというようなこともあります。

逃げ遅れた人の中には、確証バイアス（自分がすでに持っている先入観や仮説を肯定するため、自分にとって都合のよい情報ばかりを集める傾向性）が働いていた人もいたはず。これは後々までずっと言われていました。

自分では冷静に判断したつもりでも、確証バイアスが働いていると、もう少し待ってからでも遅くはないだろうとか、大事なものを取りに行ってからでも間に合うだろうといった心理が働いてしまいます。

過去に津波を経験した地域では「てんでんこ」という言い伝えが残っています。津波が来たらてんでんこに（てんでバラバラになって）逃げるという意味です。家族が集まってから逃げるのでは遅いので、津波が来たら一人一人高台に向かって逃げる。そうしないと、命の危機にさらされるという教訓です。

自分がやめても組織は回っていく

極端な対比かもしれませんが、精神的なつらさから逃げるときも、逃げるのを先送りしてしまう人が多いような気がします。

例えば、会社をやめたいと思っている人がいるとします。でも「もう1日だけがんばってみよう」という人がすごく多いのです。私が産業医をしていたときも、そんな人がたくさんいました。

話を聞くと、決して会社にしがみついているわけではありません。「今自分がやめたら、まわりの人が困るから」という理由でがんばってしまう人が多かったのです。やめるのではなく、休むのも躊躇する人が多いですが、私が「あなたは病院で診断書をもらって休んだほうがいいですよ」とアドバイスしても、「休むわけにはいかないんです」と答えたり、精神科医が休んだほうがよいと言っているのに、休みたくないという人はけっこういます。その理由も「自分が休んだら、まわりの人が迷惑する」といったものです。

でも本当のことを言うと、1人やめたり休んだりしても、会社などの組織は回っていくものです。それで回っていかないのなら、組織に問題があると言わざるをえません。

＊

私が尊敬していた先輩の精神科医には、その人が診てくれないとダメだという患者さんがたくさんいました。だからその先生の外来のときは患者さんがたくさん来ていました。

私が「すごいですね。先生はファンが多くて」と言ったら、病院のあるスタッフが、

「いや、それはどうでしょうか？」と言うのです。そのベテランの先生もいつかは年をとって病院をやめたり、亡くなったりするかもしれません。そこに「他の先生じゃダメなんです」という患者さんが残されたら、大量の医療難民ができてしまいます。むしろ「医者なんて代わりがいるくらいでいいんじゃない？」。その人はそう言っていましたが、それを聞いて、なるほどそうだなと納得しました。

私も年配の患者さんに、「先生、辞めないでくださいね。先生がいなかったら困るんですよ」などと言われることがあります。そう言われると、「自分はこの患者さんに必要とされてるんだ」と思ってうれしくなるけど、私だって突然倒れるかもしれないし、やめるかもしれません。そう考えると、そんな関係を患者さんとつくってしまったこと自体が失敗だと思います。そうではなく、「もしものときには、別の先生が診てくれますよ」と言える関係にしないといけないのではないでしょうか。

1人の力に頼るシステムの脆弱性

「自殺対策支援センター　ライフリンク」という自殺対策に関わっているNPO法人

があります。自殺対策基本法の成立にも尽力した組織ですが、その代表が清水康之さんという人物です。清水さんは元々NHKのディレクターをしていましたが、自殺者の遺族の番組をつくったときに、もうこんなことをやっている場合ではないと思い、実際に自殺を防ぐためのNPO法人を立ち上げました。

その清水さんが全国の自治体の自殺対策状況を調査すると、うまくいっている自治体には、すごくやる気のある保健師さんや、アイデアマンのスタッフがいることがわかったと言います。

でも清水さんはそれではよくないと言うのです。属人的(個人に依拠していること)に、その人の力に頼っているからうまくいっているだけであって、その人が退職したり、病気になったら何も回らなくなる。それで誰がやってもある程度のことができるような仕組みづくりをするためにいろいろ取り組んでいると言っていました。

＊

それまでの自殺対策というと、「気持ちが大事なんだ」とか「心でつながらないとダメなんだ」みたいな考え方の、いわゆる善良なスタッフが主流でした。

でもそれでは、その人がいないと回らない状況が起きてしまいます。そうではなく誰がやってもある程度の成果が表れるようにしないと持続性がないわけです。

要するに、人材の替えがきくということです。その人が倒れても他の誰かが代わりを務められる。替えがきかないオンリーワンの人に支えられた組織というのは、その組織の持続のためにはよくないことなのです。

やめられないのはシステムの問題

ほとんどの組織は、誰かが休んでも業務をストップさせてはいけないので、組織としては何とかしなければなりません。病院でもそういうことはあります。突然、院長が亡くなるというケースもありますが、それで病院がそのままつぶれてしまうということは少なくて、残った医者たちが一生懸命がんばって、なんとかするものです。

ある種のヒロイズムかもしれませんが、私も自分がいなかったら、この病院はつぶれてしまうのではないかと思ったことも、過去にあります。逆に「あなたがいなくても大丈夫です」と言われたらがっかりしますが、本当はそれぐらいのほうがよいのです。後のことは組織のほうで考えるべきです。

ところが現実にはそうなっていない会社のほうが多い。そんな会社で自分のメンタルを守ろうとするなら、「逃げましょう」という提案になるわけです。

その際、困る人たちがいるという理由でやめる必要はありません。また「私なんかいなくてもいい存在なんだ」とネガティブに考えるのも意味がありません。もうこの場所にはいられないと思ったら、そこからパッと逃げてしまえばいいんです。

都会が嫌なら地方に逃げよう

本書では逃げるということを、メンタルを守るための1つの手段と考えています。厳密な意味での逃げるとは違うかもしれませんが、都会の生活に疲れてしまったら、地方で暮らすのもよいと思います。

最近は都会から地方への移住がブームで、地方の生活にすごい夢があるように語られますが、夢を持って移住したのに移住先の生活がけっこう大変だったという話もあるので、安直には勧められませんが、今住んでいる場所で嫌な思いをしているなら、地方に逃げるのもよいかもしれません。

「都落ち」という言葉があるように、昔は都会から地方に移るのは、ある種の敗北的な意味をともなっていました。でも昨今の移住ブームで地方に行く人たちは、もはやそんなイメージを持っていないでしょう。

＊

かつて日本では田舎から都会に行くのはポジティヴに語られるのに、都会から田舎に行くというのはなぜか印象が悪いというイメージがありました。

かくいう私もへき地医療を担うために東京から北海道のむかわ町に移ってきたわけですが、一生その場所に住み続けるのかどうかはわかりません。今も週末は東京に戻っているので、二拠点生活といったほうが正しいのかもしれません。

最近は『逃走論』が主張していたノマド的な生き方が再びブームになっているようで、本来は「根無し草」という意味の「デラシネ」も肯定的に使われています。

同じ土地に定住してると、別の土地に移住したくなる状況が起こりうるものだと思います。その一方で、その土地に根を生やして、何が起ころうともがんばって生きていく人もいます。でも私はどうしても耐えられない状況に追い込まれたのなら、逃げたらいいと思うんです。

コロナ禍以降、リモートワークを推進する企業が急増していますが、それも地方への移住の後押しになっています。いつまで続くのかわかりませんが。

都会にはない生きる知恵が田舎にはある

映画化もされたドラマ『Dr.コトー診療所』（原作は山田貴敏のコミック）は、へき地医療がテーマで、私が今やっていることもそうなんですが、実際に始めてみると、自分もドラマの登場人物のように感じることがあります。

別に自分がかっこよく見えるという意味ではなくて、今までの自分が経験していたことを基準にすると、非日常の連続なのです。

長年精神科の専門医として仕事をしてきたので、一般診療では初めて経験することが多く、それに毎回必死で対処している自分が非現実的に見えたりします。

それに、タヌキに噛まれたとか、都会ではありえないような患者さんもやってきます。もちろん現場は大変で、笑える話ではありませんが。

また自分の知らないことを知っている人たちの知恵があることも知りました。スズメバチに刺されたときに用いるエピペン（アドレナリン自己注射薬）というペンのような医療器具があります。スズメバチに刺された人がいると聞いて、「エピペンを持っていきましょうか？」と尋ねると、それはいらないと言われるのです。

これは本当のことかどうかはわかりませんが、林業従事者の中にはスズメバチに刺されたら、梅干しをすりつぶして患部に塗るとよいと言っている人がいます。

私が「梅干し、何それ？」と尋ねると「みんなやっていますよ」と答えます。経験的にやっていることだから、ウソではないと思いますが、私たちは西洋医学に頼りきっていますから、エピペンがないと死んでしまうと思い込んでいます。でもその人たちは西洋医学とは違う方法でずっと生きてきたのでしょう。

＊

日々の生活も都会とはまったく違います。診療を始めた頃、宿舎に戻ったら、ドアのところに野菜が置いてありました。不審物だと思って警察に電話しようか悩みましたが、思い切って中を見たら野菜でした。名前と「うちの畑でとれたものです」というメモが書いてありました。後でわかりましたが、田舎では野菜をおすそわけするのは、日常的なことなんですね。

都会で生活してきた人から見ると、薪ストーブなんて、木を切って薪をつくらないといけないから、すごく不便だと思いますが、近年の燃料費の異常な高騰ぶりをみると、都会の生活のほうが脆弱だと思うこともあります。

田舎の人たちはみんな生きる術を知っています。野菜も冬に備えて貯蔵していますし、さらに余った分は人にあげるのです。

もちろん、車で1時間ほど走れば大きなスーパーマーケットもありますし、通販サイトから食品を購入することもできます。もしもネットが急に使えなくなったら、生きていけませんね。でも田舎の、特に高齢の世代は生きていけるのです。すごくたくましいなと思いました。

それぞれの土地に、それぞれの地域で培われてきた知恵があります。それは日本だけでなく、世界中のあらゆる地域にもあります。逆に言えば、都会は狭い世界ですから、そこから逃げたほうがよい場合もあると思うのです。都会から完全に離れるのが心配なら、私のように二拠点で生活したり、期間限定で移住するのもいいと思います。

現実逃避も立派な逃げる方法

物理的に逃げる話ばかりしてきましたが、それがどうしてもできない人は、つらい現実からいっとき逃げる「現実逃避」という方法も意味があると思います。逃避はまさに「逃」と書きますけど、緊急避難としては優れた方法です。

映画や舞台、アイドルの推し活でも何でもよいのですが、そういう趣味を持っている人はそこに逃げればよいのです。

人間はある種のファンタジーがなければ生きていけません。アイドルの推し活をして、中にはストーカーみたいになってしまう人もいますが、ほとんどの人は、コンサートに行って推しのアイドルと目が合ったとか、それだけで何日間かはすごく嬉しい気持ちになるとか。こういうものは心の逃避先として有力です。

女性では宝塚歌劇団のファンが多いのですが、異性のファンよりもむしろ健全なところがあるような気がします。

＊

私の友だちにも宝塚ファンがいて、「何がいいの？」と尋ねると、現実の男性ではないので、むしろ自分が理想とする男性をそこに見ることができると言うのです。現実の男性は、どんな素敵に見える人でも浮気するとか、幻滅するような面も持っていますが、宝塚は本物の男性ではないから裏切らない。安心して感情移入できると言います。すごく屈折しているけど、なるほどと思いました。

『冬のソナタ』で韓流ブームが起きたときも、高齢の女性も含めて、韓流ドラマのおかげで元気が出たとか、気持ちが潤ったという人がたくさんいたようです。

知り合いの年配の女性で、夫が亡くなった方がいて、仲間同士ではげましに行こうといって自宅を訪ねたことがあります。

「大変でしたね」といってなぐさめようとしたら、韓流スターの写真集を見せながら、「実は最近こういうのが好きになって」といって堰《せき》を切って韓流ドラマの話をし始めました。夫と仲のよい人だったから、亡くなってどんなに落ち込んでいるかと思って心配していましたが、杞憂でした。

映画館が避難先だった内藤ルネさん

私が大好きな内藤ルネさんというイラストレーターがいます。もう亡くなりましたが、生前お会いしたときに、ルネさんが私に話してくれたことがあります。ルネさんはいろいろ苦労されていて、お金をだまし取られたこともあり、自殺したいという気持ちにとりつかれていた時期があったのだそうです。

そんなときは「どこでもいいから映画館に飛び込むのよ」と言っていました。その映画が好きか嫌いかは関係なく、とにかく映画館の座席に座る。映画が始まれば暗いし、観るしかないから最後まで観てしまうと言うのです。

観ている間はさっきまでのしんどかった気持ちは忘れてしまいます。「そうやって今まで私はしのいできたのよ」と言っていました。たとえ短い時間でも、本当に心がつらいときは、その間は楽になるといいます。こんな逃げ方も、いいかもしれません。ほんのひととき逃げただけで、心は楽になるものです。

「いつかはいいことあるよ」といったなぐさめじゃなくて、ほんの2～3時間が一番つらいから、そのとき映画館に入ってしのげばなんとかなると、ルネさんは言っていました。

前述のライフリンクも自殺したくなったときに電話相談ができるので、そういう気持ちになったときには、人と電話で話すとよいのかもしれません。こういう電話も緊急避難先の1つになるでしょう。

＊

この章では、「逃げる」とはどういうことなのか。何から逃げるのか。何のために逃げるのかをさまざまな方向からお話してきました。次章からはテーマごとに具体的な逃げるための方法について、私のこれまでの経験や感じたことなどから述べていきたいと思います。

第2章

働きづらい職場から逃げる

休みたくても休めないのは……

この章では勤めている会社から逃げるにはどうすればよいかを考えてみます。逃げるといっても、一時的な避難として休む、あるいは完全に逃げるために離職するといった選択がありますが、そもそも休みたくても休めないという人が多いような気がします。

第1章で述べたように、会社のシステムがしっかりしていれば休めるはずです。本来は有給もありますし、休みたいときに休めないというのはシステムに問題があると言わざるをえません。

日本の会社は、一人一人が職人みたいにキャリアを積んで、誰もが一人親方のようなやり方で仕事をしているようなところがあります。まるで中世ヨーロッパのギルド（職人の組合）のようです。職人たちが習得した技術を弟子に伝えるときも、教え方がマニュアル化されていないので、時間をかけてつきっきりで教えないといけないわけです。終身雇用制の時代はそのほうが都合よい面もあったと思います。

しかしそれでは、後輩に仕事のやり方を伝える前にその人がやめてしまったら、業務が立ち行かなくなってしまうこともあるでしょう。

＊

日本の政治家は、いまだにそのやり方を踏襲しているような気がします。世襲議員が問題になっていますが、要するに、「お家芸」をどう伝えていくのかということです。選挙に勝つためには、従来のやり方を踏襲する。岸田文雄首相も麻生太郎元首相、亡くなった安倍晋三元首相も典型的でしたが、その一族でないとわからないノウハウがあるわけです。そんなやり方で代々続いている仕事は、政治家以外にも残っているのではないかと思います。

医者の中でも開業医は、息子を医学部に入れて後を継がせることが多いですね。商店でも子どもが後を継ぐというのは当たり前のように行われています。そういう伝統があるからなのか、会社などの組織でも、その人しか知らないことがあって、業務上の大事なことが複数の人に共有されていないことが多いような気がします。その人がやめるときは引き継ぎにものすごい時間やエネルギーを必要とするので、簡単にはやめられないと思うのではないでしょうか。

いなくなっても職場はなんとかなる

新型コロナウイルス感染症が2類だった頃、コロナに感染したり、濃厚接触者になると、1週間から10日ほど出勤停止になっていたため、人手が足りなくなって医療崩壊しているとも言われていました。

私が東京で勤務しているクリニックでも、有能な事務スタッフが濃厚接触者になって1週間ほど休むことになりました。

彼女はとても優秀で、1週間も休むことになるとは誰も想像していませんでした。医療崩壊するのではないかと心配していましたが、意外にみんなで協力して彼女が抜けた穴をカバーすることができたのです。

もちろん、その人がいなくてもよいという意味ではなく、誰かが欠けても現場はなんとかするものだという意味です。

＊

休みたいと思ったら、「自分が休んだらみんな困る」とか考えないで休めばよいのです。もしもそれで会社が混乱したとしても、あなたが責任を感じる必要はありません。

でも実際は働き方改革のような外圧にさらされて右往左往しているような状況です。有給休暇をとらせないと罰則があるとか言われますが、企業のほうではまだ休んだ人の穴を埋めるシステムができていない。医療機関も実は今そんな外圧にさらされています。

働き方改革を恐れる職場って何？

働き方改革を実施する前からみんな戦々恐々としています。休みを増やしたら当直医のローテーションが回らなくなるとか、なぜかネガティブな方向に行ってしまうのです。まだ始めてもいないのに、「医療サービスが低下する」「そんなことは不可能ではないか？」といった不安をみんなで増幅し合っていて、「これでみんなしっかり休めるね」というポジティブな考え方にはなりません。

＊

２０１８年、私が卒業した東京医科大学で女性（および浪人生）に入試のハードルを上げていたことが発覚し、それを皮切りに、女性医師が生まれにくかった状況が明らかにされていきました。

簡単に言うと、女性医師は家庭を持って子どもを産むとやめてしまうからと、女性が医者になりにくいようにしていたわけです。

本当は女性医師の出産の問題を解決するために必要な改革が必要なのに、それが一切行われていない。システムをちゃんと構築して産休がとれてその間別の医師を配置すれば、女性医師もやめたりせずに、いつまでも戦力になるのにそれを今まで何もしないできたわけです。

長時間労働を自慢したがる世代

こうした旧いシステムの問題とは別に、休めない人は「お休み恐怖症」に陥っている面もあると思います。

昭和の頃（１９８８年）に「24時間働けますか」という栄養ドリンクのＣＭが流行

りました。あの時代に朝から晩まで働いていた人たちは、「24時間働けますか」に共感して、それをやりきったというプライドが捨てきれないような気がします。

でもあの時代に働いていた人も、どんどんリタイアしていますし、いずれはいなくなります。そうすれば日本人の働き方は一気に変わると思います。

＊

最近の若い医者は、「5時半になったので帰ります」とか「明日は宿直開けなので来ません」とか普通に言います。でも年配の医者たちはそういう言い方にびっくりするようです。

私ですら5時半ぴったりに帰るのはなかなかできませんが、若い人は「そういう決まりになっていますから」みたいな感じで、自分だけ先に帰ることの申し訳なさのようなものは感じていません。

それは朝も夜中も働くのが美徳だと思った経験がないからでしょう。でも年配の医者は、なつかしそうに「昔は5日間、寝ずに働いていたよ」と自慢します。普段は言わないようにしていると思いますが、お酒が入ったりすると武勇伝のように語り始めます。

『黒部の太陽』に描かれた仕事と家族

『黒部の太陽』（1968年）という映画があります。高度経済成長期に急増した電力需要をまかなうために建設された巨大な黒部ダムの難工事を描いた映画で、まるで国策映画のような作品です。

私も子どもの頃、学校で観に連れて行かされた記憶がありますが、数年前、BSテレビで放送されていたので改めて観たら、びっくりしました。

映画の主人公の三船敏郎はダム建設の現場監督のような役で、子どもが白血病になるのですが、そのことは現場の誰にも話しません。

また主人公の妻も見舞いに戻ってきてほしいというのですが、なかなか見舞いに行こうとはしません。1度だけ娘が夜寝ているときに病院に立ち寄って、病室の外から娘をそっと見て、声もかけずにまたダム工事現場に戻るというシーンがあったと思います。

難所のトンネル工事が開通して、ようやくみんなが歓声を上げているときに、娘が亡くなったことを知らせる電報が来るのですが、それでも主人公は誰にもそのことを話しません。

最後に工事が終わってみんなで祝杯を上げているときに、主人公は涙を流すのですが、まわりの人たちは工事が終わって感動して泣いていると思っています。そんな映画でした。

＊

だけど今の時代からみれば、主人公の行動は家庭放棄のようなものです。子どもが死の床に就いているのに、まったく家に帰らないお父さんなんて、本当にひどいと思いますが、当時はそれが美徳だったわけです。

それを間違っていたとか、もっと家族を大事にすべきではないかと言ったら、あの頃の日本を否定することになります。あの時代を知っている人は、どんどん経済成長していく日本のポジティヴな記憶があるから否定できないのでしょう。みんなあのくらい根性を持って働いていたというプライドが捨てきれないのです。

旧世代が退場すれば働き方は劇的に変わる

あの世代が退場すればもっと働き方も変わっていくと思いますが、まだ会社の会長とかに居座っている人もいるのではないでしょうか。たぶん朝一番で出社するのではないかと思います。逆に言うと家庭に居場所がないから、会社で過ごすしかないのかもしれません。

いつまでも会社に居場所がある人はまだよいのです。リタイアした会社員は、ずっと家にいるから妻が大変です。「夫定年症候群」とか「濡れ落ち葉症候群」とか言いますが、今ならリモートワークが増えたから「夫在宅症候群」と言ってよいかもしれません。

夫がいつも家にいると妻はものすごいストレスを感じます。家事を妻に依存している夫であれば、夫の食事も3食つくらないといけません。それなのに、妻の行動は常に把握しておかないと気がすまない男性が多いのです。

＊

患者として相談を受けたこともあります。妻が外出しようとすると「今日はどこに行くんだ」と、夫がいちいち妻の行動を把握しようとするのです。挙げ句の果てに「昼飯はどうするんだ?」と言い出す。これでは妻のほうが逃げたくなりますね。この問題については、第3章で詳しく述べることにします。

一方、旧世代の男性は妻のストレスに気付くことなく、いわゆる「男のロマン」に流されがちです。『吉田類の酒場放浪記』（BS-TBS）とかにあこがれる中年男性が多いみたいですが、男性は「放浪」が好きなようで、遠くへ一人旅するとか、家のことをまったく考えないで行動する人が多いような気がします。

別に家にいながら、自分の好きなことをするとか、社会活動をするとか、リタイア後の過ごし方はいろいろ考えられると思いますが、旧世代の男性はそれができない。あるいは思いつかない人が多いように思います。

がんばり過ぎをやめないと逃げられない

前述のお休み症候群とも関連しますが、がんばり過ぎの人はそれをやめないと逃げることができません。

15年ほど前、経済評論家の勝間和代さんが推奨する女性の生き方がブームになりました。簡単に言うと毎日効率的に過ごして、バリバリ働くという生き方。努力を否定しないとか、がんばることは美しいといったメッセージがあったと思いますが、私は当時そうした挙げ句、メンタルダウンした女性をたくさん診てきました。勝間さんの生き方にあこがれてがんばってみたけど、それに疲れてしまったと言うのです。

そんな患者さんに「がんばり過ぎないほうがいいですよ」とアドバイスすると、「がんばらないために、何をがんばればいいのか教えてください」と、笑い話ではなくて本気で言われました。

また、「がんばらないための本を帰りに何冊か買っていきますから、書名を教えてください」と言う人もいました。

「がんばらないことをがんばるって変だと思いませんか?」とか「そういう本を買いあさるのがダメなんですよ」とか言って返しても、彼女たちは真剣なのです。

みんな真面目な女性たちです。余暇の時間に習い事をして、語学や資格試験の勉強をしています。

そんな女性たちの間で、最近流行っているのが、リトリートという非日常的な場所で心身をリラックスさせる活動です。

リトリートのためのツアーもあって、そのほとんどがものすごく高額です。そんなツアーに参加するより、1人で旅に出て自分のやり方でリラックスすればよいのに、今はすべて商業的なシステムに乗らないとリラックスできない人が多いようです。

リトリートのツアーに行くと、この時間はヨガをやるとか、あらかじめスケジュールが決まっているわけですが、それで本当にリラックスできるのでしょうか。

そんなツアーがあるくらいですから、現代では何もしないで休むというか、なまけたり、ダラダラ過ごすのが難しいようです。

休み方も常に人に見られている

『水曜どうでしょう』（ＨＴＢ制作）という深夜番組がありました。大泉洋さんが出演者の1人で、大泉さんたちが行きあたりばったりに旅をするという企画が人気を呼んだのですが、あの番組のように行き先を決めずにいろんなところを旅するスタイルというのも一方では流行っているような気がします。

それはそれでよいのですが、『水曜どうでしょう』のようなロールモデルはないほうがよいのではないでしょうか。なぜなら今はSNSがあるので、自分と他人を比べてしまう人が多いからです。

例えば、フォローしている人が「今日は休みだったので○○に出かけて自分を癒やしました」といったコメントを画像や動画つきでインスタグラム（Instagram）に投稿していると、「自分もこういうふうに休まないといけないのか？」と思ったりするのではないでしょうか。それでは、第1章で述べたように、休んでいるときも常に人に見られていることになってしまいます。

他者からどう見られるか気になる時代

あるいはインスタ映えする休み方でないと休みじゃないと思うようになるかもしれません。「インスタ映え」というのは若い人たちの間ではけっこう重要なことのようで、例えば若者たちの和菓子離れというのもインスタ映えしないというのが理由の1つのようです。

和菓子のあんこは黒いから、インスタ映えしないみたいです。大福を割って写真を撮っても、あんこは黒いから絵的にきれいに見えないのでしょう。

あんこが口に合わないから食べないのならわかりますが、他人からきれいに見えないお菓子を食べていると思われたくないから食べないのです。SNSが日常に入り込むようになって、そんなことも起こっています。

精神分析家のラカンは、世界のあり方を想像界、象徴界、現実界の3つに分けていますが、一番手前にあるのが想像界。なぜなら他人の中にいることを想像してしか自分という存在は捉えられないからです。

幼児は鏡の中の像でしか自分というものを認識できませんが、大人になっても私たちは自分の全身を客観的に見ることはできません。鏡や写真、今なら動画もありますが、そこに映っている人物として想像するしか自分を捉えられない。

でもその世界に囚われているのであれば、大人になっても子どものような自己認識が続いているとも言えます。というより、今はそっちのほうがデフォルトになっているようです。

これではますます逃げるのが難しくなりますね。現代人は他人からどう見られるかということがいつも気になっているのです。

精神科医が休ませるときは2カ月

それでも休みたいときに休める人はまだよいのです。問題はお休み症候群のように、休みたくても休めないという人です。

私は休んだほうがいい状態の患者さんには、医者の伝家の宝刀である診断書を出します。「診断書を書きますから、とにかく一回休みましょう」と言うのですが、そう言うと多くの患者さんはびっくりします。

やっぱり休むのは心配なのでしょう。あるいは「休む期間は1週間にしてください」と医者が勧める期間よりも短い休みを希望する人もいます。

私は休む期間を「2カ月」と書くことが多いのですが、これには理由があります。

1カ月だと休めている自分に慣れてきた頃に休みが終わってしまうからです。患者さんが休みに入っても、最初のうちは落ち着かなくて、そうこうしているうちに、1〜2週間たってしまいます。本当に休めていると感じるのは1カ月くらいたってからなので、2カ月としています。

＊

でも患者さんに「2カ月」と言うと、「そんなに休めません」という人が多いですね。でもそれでは効果がないので、「会社には医者から2カ月休めといわれたからと言ってください」と言うようにしています。

かつて診断書を出したら、上司が破り捨てたといった話を聞いたこともありますが、今は診断書があれば休ませないといけない規則になっているから休めます。また引き継ぎや休んだ後のことは会社の責任ですから、「あなたは何も考えなくていいですよ」と言っています。

これまで何千人に同じことを言ったかわかりませんが、休ませて失敗したという患者さんはほとんどありません。2カ月ではすまなくて、もう少し休まなければならない人もいますが、ほとんどの人は「休んでよかった」と言っています。

心が疲れたと思ったら休みをとる

仕事のミスが増えて、上司から言われて産業医を受診したら精神科を勧められたとか、口数がすごく少なくなって、家族から精神科の受診を勧められたとか、受診のきっかけはいろいろです。

だいたいは頭が全然回らなくなったり、食事がとれなくなって体重がすごく減ったり、夜眠れなくなるなど、心身に何らかの問題が起きてから受診する人がほとんどです。

ですから、このような心身の変化があるようなら、精神科に行って診断書を書いてもらうべきです。

ただ、そういった症状が出てきてからでは回復までの時間がかかるので、本来であれば、ちょっと心が疲れているかな？　と感じたときに、2～3日休むべきです。

＊

でも多くの人はそれができなくて、精神的に追い詰められて、長期の休みが必要な状況になってから、初めて精神科に来る人が多いのです。家族やまわりの人から「いつものあなたと違うみたい？」と言われるようなら、迷わず精神科を受診したほうがよいと思います。

受診すると、みなさん「一発で治る薬をください」といったことを言うのですが、どんなによく効く抗うつ剤ができたとしても、脳が休めて自然に回復、あるいは心身の機能を正常にするには、やっぱり休む必要があります。

患者さんの中にするには、休みたいから診断書を書いてくださいと言って来院する人もいないわけではありません。それは一部の医療機関で問題になっていて、最近は精神科でも、安易に診断書を連発するのは控えようという動きもあります。

ちなみに、この本は精神科の受診を勧めることが目的ではないので、病院に行くのは最終的な手段だと考えてください。基本は疲れていると思ったら、短い休みをとってリフレッシュするのが一番。それが上手な逃げ方です。

それでも疲れがとれないならやめる選択も

仕事や職場が嫌いではないのに、忙し過ぎて疲れていると感じるなら、短い休みをとって回復を待てばよいのですが、会社をやめたいと思っているのであれば話は違ってきます。

それほど追い詰められているのに、やめられない、逃げられないという人も多いのではないでしょうか。

やめたら、金銭的に困る人もいるでしょう。本人の希望でやめた場合は、失業保険もすぐに出ないので、間を空けずに次の職に就かないと生活できません。

やめたいと思ってやめる人は、精神的に疲弊していますから、本来であれば少しリセットして、ゆっくり過ごしてから仕事を探したほうがよいのですが、現実はなかなかそういうわけにはいきません。それが理由で仕事をやめることをためらっている人も多いと思います。

＊

これまで述べてきたように、仕事から逃げるのはよくないという空気がこの国にはあります。仕事をやめたり、変えたりすることに対して、心理的な罪悪感を持つ人も多い。患者さんにもそういう人はいました。その人に対し、「今あなたが置かれている状況は、あなたのせいではなく職場環境の問題だから、職場を変えないと解決しないのでは？」と言ったこともあります。なかなか勇気がいることですが、思い切って環境を変えてみることは大事です。

離島に転職したら元気になった

こんな患者さんもいました。理想が高くて働き過ぎで追い詰められている女性でした。中学の教員だったのですが疲れてしまい、離島で教員を募集しているというので、ややややけっぱちで応募したようです。

そうしたら受かってしまって、「先生、旅立ちます」といって離島の教員になりました。

離島の教員といっても、夏休みなどの長期休暇は東京に帰られるので、そのときに病院にも来ていましたが、意外と元気に過ごしているようで、離島ではマリンスポーツを楽しんだりして、すごく健康的になっていました。本人は村の人みんなに顔を知られているとか、不便でしょうがないから戻りたいと言っていましたが、そう言いつつ戻って来ないので、新しい環境を楽しんでいるのでしょう。彼女の選択は結果的によかったと思っています。

根っからの都会人なので、離島に一生はいることはないと思いますが、それでも今までとはまったく違う環境で非日常を楽しんで充電して、それからまた東京に戻ってくるかもしれません。

彼女のように思い切って環境を変えるのも悪くないように思います。もしもそれでダメだったら、また考えればいいわけです。「やっぱり違った」と思うかもしれませんし、カンが外れたと思うかもしれません。そうしたら、また次に行けばいいのではないかと私は思います。

＊

短期間でも別な環境で暮らせば、「今いるところがすべてではない」「まったく別の生活もあるんだ」と俯瞰して自分を見つめることができるようになります。視野が広がって、これからの選択肢も増えてくるでしょう。

離島まで行かなくても、同じ地域で転職して、「こういう仕事もあるんだ」「こういう会社もあるんだ」という経験することがよいのです。そこも違うと思ったら、次に行けばよいわけですし、今いるところに無理をしてしがみつかなくていいのではないかと思います。

転職先が前よりもひどかった、というようなこともありえなくはありませんが、今は転職に関する情報も得やすいですし、それほど心配しなくてもよいのではないでしょうか。

キャリアを捨てて海外で働く看護師

30代くらいの看護師で、がん患者をおもに看てきたキャリアがあるのですが、そこで働いているうちに、年齢が若くてもがんで亡くなることがあると気付いて、まったく別の仕事に就いた女性を知っています。

彼女はがんで亡くなる患者を見て、悔いのないように好きに生きなければと思ったそうです。誰でも突然がんになって亡くなることはありえます。それなら、やりたいことを先延ばしするのではなく、早く始めたほうがいいと思って、サーフィンを始め、それからワーキングホリデー制度を利用して、オーストラリアに行きました。オーストラリアでも働きながらサーフィンをしていたようです。

＊

オーストラリアでしていた仕事が、看護師とは無関係の仕事だったので、彼女のまわりの人たちから「看護師のキャリアが切れるのはよくない」とアドバイスされたそうですが、彼女はそれよりも、一度海外で働いてみたいという欲求のほうが強かったようです。

やりたいことをやれるうちにやっておいて、「やりたいことはすべてやった」と思って死にたいとも言っていました。もっとも、ワーキングホリデーの期間が終わって、その後どうするかは決めていないようです。

看護師の資格があるから、日本に戻ってきても、また病院に勤めることができるとは思いますが、看護師は知識のアップデートが必要な仕事ですから、そのことは心配しているようです。

履歴の空白におびえる強迫観念

日本では履歴に空白の期間ができてはいけないという強迫観念のようなものがあります。でも考えてみれば、今は自分の会社が10年後も存在しているのかどうかわからない時代です。

私が大学教員になった頃の学生の人気就職先は、文系では大手航空会社や旅行代理店、都市銀行、証券会社が多かったような気がします。でもコロナ禍以降、航空会社や旅行会社は大変な状況ですし、金融もどうなるかわかりません。家電メーカーも吸収合併されたり、海外資本に買収されたりしています。

そんな先が読めない時代ですから、1つの会社にしがみついていても会社がなくなってしまうかもしれません。少なくとも、年功序列で昇進していくということはもはやありません。

＊

ですから今はむしろ転職がしやすいと言えます。今いる会社に満足できなければ逃げやすい時代なのです。

そんな時代を反映しているのか、最近の学生は公務員志望が増えていると言います。でもそれだってどうなるかわかりません。北海道夕張市のように、地方自治体が財政破綻することもありますし、国家公務員も仕事が忙しすぎて、やめる人が増えていると聞きます。これからの時代は、安定よりもやりたい仕事を選んだほうがよいと思いますが、みなさんはどう考えますか。

開き直って新しい職場へ

別の分野の仕事に就いたら、前の会社の経験が役に立たないこともあります。でもそれは開き直ってよいと思います。

私もそれなりの年齢になってから総合診療科に勤務することになったわけですが、人生経験が長い分、知らないことは素直に聞けるようになりました。若いときは「知らない」とか「できない」とは言いにくいものです。でも今はそれができます。素直に「それ知らないんです」と言えば、まわりがちゃんとフォローしてくれます。もちろん、それを何年も続けていたらおかしいですけど、最初のうちは誰でもそんな対応で全然かまわないと思います。

最初に「この分野は初めてチャレンジするので……」とでも言っておけばよいだけのことです。職種にもよりますけど、最近は新しい感覚を取り入れるのが流行っていますから、むしろ転職しやすいのではないでしょうか。

＊

場所を変えるのもよいかもしれません。第1章で移住の話をしましたが、移住してそこで仕事を見つけるというのも、よい逃げ方ではないでしょうか。

北海道も移住がブームのようで、移住のための専門誌もあちこちに置いてあります。起業する人たちもいて、ワインの醸造所やチョコレートの工場をつくっている若い人たちもいます。

あるいは猟師になりたいといって東京から北海道に来た人もいます。野生の鹿を撃って解体し、ジビエ料理の店に肉を卸しているようです。この人の働き方はフリーランスですが、就職するにしても田舎には第一次産業に近い仕事がたくさんありますから。何もオフィスワークだけが仕事ではありません。

キャンピングカーでノマド生活

今はサブスク（定額制）で全国あちこちに住めるサービスがあって、月数万円の家賃で日本全国に住めたりします。リモートワークの人たちも利用しているようですが、こうした住み方を利用して、全国で短期のバイトを転転とするという働き方もあります。短期のアルバイトを募集するアプリがあって、例えば○月○日から○日まで新潟市にいるといって応募すると、農作業の手伝いの仕事などが来るといいます。高齢者が多い地域だと屋根の修繕とか、子どもの家庭教師をしてほしいという仕事もあるようです。そういう働き方をして、お金を少し稼いだら、次の場所に移動する。ノマド生活ですね。

＊

キャンピングカーで定住せずに移動しながら暮らしている人も増えてきました。北海道の道の駅にはキャンピングカーがいっぱい停まっていて、「ノマド生活をする日本人がこんなにも多いのか？」と思ったりします。

昔の日本人なら、「地に足をつけて」とか言われるから、ノマドな生き方にはどこか後ろめたさがあったような気がします。定職もないし、定住する家もない。「何かあったらどうするんだ？」といわれそうですが、災害が起こったら家もなくなってしまいます。日本は災害が多い国で、東日本大震災のような大災害を経験したから、逆に定住にこだわらない人が増えてきたのかもしれません。

物を持たなければ引っ越しも簡単

移動しながら生活すると、そのたびに引っ越しするのが大変だと思う人が多いようです。でも今の若い人たちは最小限の物しか所有していません。

以前学生たちと音楽CDは必要かどうかを議論したことがあります。それでわかったのは、学生はそもそもCDを聴くためのデバイスを持っていないのです。

本も電子書籍がほとんどですし、洋服も最低限のものがあればいいと思っています。とにかく物を持たないのです。

ある医大の教員が話していましたが、その人は「今の学生は部屋に机がないんだよ」

と言っていました。タブレット端末を使って勉強するから、寝転がったり、適当な場所に座って勉強するのだそうです。その人は、学生の勉強は「机に向かって本を読むものじゃないの？」と言っていましたが、今の学生たちは机がなくてもけっこうコツコツ勉強しているみたいです。どうしても机が必要なときは、図書館やネットカフェに行って勉強するようですね。

＊

最近の研修医も、本ではなくタブレットを持ち歩いています。私たちの頃は、みんな大きくて分厚い医学書を抱えていました。そんな本が何冊も自宅にあればかなりスペースをとります。でも今は医学書が電子書籍で読めるので、タブレットがあればそれだけですんでしまうわけです。紙の本がなければ、引っ越しも楽ですね。

物を持たないから、スーツケース１個あれば移動しながら生活できます。私が勤務している北海道の診療所は看護師の派遣会社にお願いして、看護師に来てもらっていますが、３カ月くらい働いて、また別の医療機関に移動するという若い看護師もいます。

話を聞くと、いろんな場所で働きたいからで、離島やへき地を転々としているようです。3カ月間、医療機関が提供する寮に住んで、また別の場所に自分の車で移動する。そんな働き方もあるのです。

短く働けば人間関係で悩まない

同じ場所で長く働いていると、人間関係が面倒くさくなることがあります。でも3カ月くらいなら、よい想い出が残るうちに去ることができます。職場の人からも「また来てくださいね」とか言われながら次の場所に移ることができます。

人間関係はストレスを生みます。病院でも長くいる看護師は人間関係が原因でやめることが多いのです。夜勤などで長時間一緒に働くから、濃密な人間関係が発生しやすいんですね。

でも3カ月くらいだったら、「いい人が来てよかったね」で終わるから、ある意味健全です。キャリアを積むには不利ですが、少なくとも人間関係のドロドロに巻き込まれる可能性は少ないでしょう。

＊

こういう働き方に対して、旧世代の人たちから、それでは人間的に成長できないと言われそうですが、逆に「そんな艱難辛苦《かんなんしんく》に耐えてこそできる成長って何なんだろう?」とも思います。

いずれ子どもができれば、子どもを学校に行かせないといけないから、どこかに定住しないといけなくなるかもしれません。しかしそれもいろんな学校に半年ずつ行くとか、そんな生き方をする人たちが今後増えてくるかもしれません。

二拠点生活という生き方

10年くらい前、タクシーに乗ったら、ラジオからAFN(アメリカ軍放送網。以前はFENと呼ばれていた)の英語放送が流れていて、珍しいので「英語、勉強していらっしゃるんですか?」と話しかけたら、「英語はちょっと必要があって」と返すので、「どんな英語の仕事がしたいんですか?」と聞いたら、いろいろ身の上を話し始めたことがありました。

その人はセスナの操縦が趣味で、日本でタクシーの運転を半年くらいやってお金を貯めて、あとの半年はアラスカに行ってセスナの操縦をしていると言います。「すごいですね」とほめたら、その人はすごくシャイな人で、「お恥ずかしい話ですよ」と言い、「かっこいいですね」とほめると「いや、独り者だからできるんですよ」とか言っていました。けっこう年配の人でしたが、そういう生き方をしている人もいます。

＊

戦場ジャーナリストの桜木武史のコミックエッセイ『シリアの戦争で、友だちが死んだ』には、弱気な自分がどうして戦場ジャーナリストになったのかが書かれていますが、日本ではトラック運転手をしていることにも触れています。

フリージャーナリストの仕事だけでは全然食べられないから、季節トラック運転手の仕事をしてお金を貯めて、アフガニスタンなどの紛争地域に行って取材活動をしています。

この人も戦場と日本の二拠点生活をしているといえます。ちょっと極端ですけど、こういう働き方もあるということです。

誰でも一歩踏み出すタイミングがある

私がへき地医療をやりたいと思った理由はいくつかありますが、精神科の医者を30年近くやってきたので、何か今までと違う医療との関わり方をしたいというのが1つあります。実際には東京での精神科の診療も続けているので、二拠点で働いていることになります。

第1章で述べた『Dr.コトー診療所』もそうですが、医療ドラマは人気のコンテンツなのでいっぱいつくられています。でも基本的に「ああ、先生がいてよかった」みたいな終わり方をしますね。私もエンターテインメントとして医療ドラマは観ますが、東京で医者を続けていても、それこそ掃いて捨てるほど医者はいるのだから、私なんかいなくなっても、いくらでも代わりはいると思ってしまいます。

そうでないことをしたかったわけですから、北海道で働くことで、私自身もうまく逃げられたと言ってよいのかもしれませんね。

実際に北海道に行ってみたら、「先生が来てくれてよかった」と言われたりして、正直「医療ドラマみたいだな」と思ったのも事実です。そう言われることへのあこがれがまったくなかったとは言いません。誰でもそんなふうに新しいステージに一歩踏み出すようなタイミングがあると思うのです。どんな仕事をしていてもあると思うし、アルバイトでもあるのではないでしょうか。

根無し草と言われても気にしない

今はもう閉店してしまいましたが、アンナミラーズというファミレスがあって、私が学生の頃は、そこでウエイトレスのバイトをしている女子学生がたくさんいました。アンナミラーズは制服がかわいいので女子学生に人気がありました。制服を着て「いらっしゃいませ」と笑顔で接客するのが楽しかったのでしょう。コスプレの要素もありましたが、それはどんな仕事にもあると思います。

そんな仕事は都会だけでなく、地方にもあるでしょう。田舎ののどかな場所で、例えば農業に従事して一生懸命働いている自分がかっこいいと思えるとか。そう思えるなら、一回やってみればよいのではないでしょうか。

子どもがそれぞれの制服を着て就業体験するキッザニアというテーマパークがありますが、その大人版と考えて一度やってみたい仕事に就いてみるのもきっかけになるのではないかと思います。

*

とりあえず、今いる職場から逃げたくて、でも次に何をしていいのかわからない人は、違う風景の中に身を置いてみる。そんな仕事の選び方は不謹慎だとか、不真面目と言われるかもしれませんが、どうせ逃げるなら楽しいことを期待したほうがよいと思います。

万が一、逃げた先でうまくいかなかったとしても、「2回目だから長く勤めなければ」と思わないこと。元の場所に戻ってきてもいいし、次のステージを考えるのもいい。根無し草といわれるかもしれないけど、逃げることで自由になれるなら、そのほうがよいと思うのです。

第3章

家族のうっとうしさから逃げる

大震災から家族の絆が深まった？

東日本大震災では家族を失った人がたくさんいます。その経験があるからか、それから「家族の絆」という言葉がさかんに聞かれるようになりました。

それで絆が深まった家族もいると思いますが、そうならなかった家族もいました。その1つが福島原発事故の影響に関する家族間の認識の違いです。原発事故の直後は、東京でも放射能の影響のない地域に避難しようとした人たちがいました。精神科で相談を受けることが多かったのでよく覚えています。

例えば、放射能汚染が怖くてもう国産の生鮮食品は食べられないと言っているのに、夫が気にせず子どもに食べさせていたり、家族の価値観が浮き彫りになったわけです。

家族はいつも一緒のはずなのに、考え方が違うなんておかしい。そんな言い方をしている人が多かったように思います。そもそも家族といっても個人の集合ですから、考えが違うのは当たり前。しかし家族は一つという幻想があるので、家族はみんな同じ方向を向いて、同じことを考えていなければならない。それに縛られている人が多いのではないかと思います。

＊

コロナ禍でも同じことがまた繰り返されました。例えば、妻はスーパーで買ってきた商品をすべて消毒してからでないと食べないと言っているのに、夫はまったく気にせず手も洗わずに食べているといった声をよく聞きました。

コロナ禍のとき、厚労省がチャットで心の相談というのをやっていて、私も1カ月ほどその手伝いをしていたので、その声を聞くことができました。

相談で多かったのは、私は外出を自粛しているのに、夫は平気でゴルフや会食に出かけているといった悩みです。コロナに自分が感染したらどうすればよいのかという悩みより、家族間の悩みのほうが多かったのです。私はワクチンを打ちたくないのに、夫は打つべきだと言っているという相談もありました。

＊

最近の宗教二世の問題も同じです。「親が信仰しているなら、子どもも信仰するのが当然」という考え方だから、子どもにも信仰を押しつけられるわけです。

その問題は旧統一教会のような新宗教だけではありません。キリスト教にはクリスチャンホーム（家族のみんながクリスチャンである家庭）という前提があるので、例えば、クリスマスは家族全員で過ごさなければならないとか、家族は仲良くしなければならないと考えています。でも信仰に疑問を持っている子どもがいるかもしれません。このような家族間の考え方の違いに苦しんでいる二世もたくさんいると思います。そこから逃げるのはなかなか大変なことです。

家族と一緒では個人の確立ができない

今の時代は「個人の自立」や「個人の確立」ということがさかんに言われていますが、実際は個人の意思が認められないシーンがたくさんあります。とくに家族と一緒に暮らしていると、個人として生きることがなかなか難しいという現実があると思います。

第2章で述べたような職場の人間関係と並んで、精神科の相談でもっとも多いのは家族の関係です。夫婦や親子、きょうだいなど家族間で問題が生じていると聞くと、「関係を断ち切ったほうがよい」と言う人がいますが、実際にはそう簡単に断ち切れません。あるいは、自分では断ち切りたいと思っているのに、家族の都合で断ち切らせてもらえないことも多々あります。

夫婦の関係を断ち切れないという場合、女性のほとんどは経済的な問題だと答えます。もう1つは、子どもをどうするかという問題。子どもが成人するまでは離婚できないとか言う人が多いですね。

＊

また孤独死が怖いと言う人もいます。特に東日本大震災の後は、嫌いな夫でも、誰もいないよりはましだと思っている人が増えました。40代くらいの比較的若い人に多いようです。

そんな相談に対しては、よく「80代の孤独死を防ぐために、あと40年間がまんできますか?」と言っています。それまで夫が生きている保障はありません。夫がいたとしても、彼が外出中に孤独死するかもしれません。孤独死を確実に防ぐ方法はないのです。

独居なら1人で死ぬ自由がある

彼女たちは老後を1人で生きていくことに恐怖を感じています。その一方で、世間の目も、1人暮らしの高齢者に対しマイナスイメージを持つ人がまだまだ多いような気がします。

でも1人暮らしの高齢者をそばで見ていると、決してそんなことはありません。私が診療をしている北海道むかわ町の穂別という地域は、高齢で1人暮らしの人がたくさんいます。パートナーが亡くなったり、離婚したり、1人になった事情はそれぞれですが、みんな楽しく暮らしています。

近所づきあいもありますし、パークゴルフ大会などみんなで遊べるイベントもあります。老人会が企画して、みんなで旅行することもあります。野菜を育てている人たちは、収穫した野菜を交換しあったり、すごく楽しそうに生きているのです。

地方の場合、コミュニティがあれば高齢者の1人暮らしは決して寂しくないですし、それほど大変なことではありません。小さなコミュニティだから、1～2日顔を見なかったら、「○○さん、どうしたんだろう?」と話題になるので、孤独死の心配もあまりないのではないでしょうか。

逆に都会では、アパートで1人暮らしをしていた高齢者が、亡くなってから1週間も発見されなかったといったことがときどきあります。

＊

2009年に俳優の大原麗子さんが孤独死したと報道された頃、自分もああいう風に死にたいと言っていた女性の患者さんがいました。

彼女は夫と子ども、夫の両親と一緒に暮らしていて、いわゆる嫁の立場ですごく苦労していました。その人が「大原麗子さんがうらやましい」と言うので、「どうしてですか?」と尋ねたら、「私はあんなに自由に死ぬこともできない」と答えたのです。

夫や子ども、舅や姑の世話ばかりして生きてきたから、大原麗子さんのように、1人で自由に生きて、1人で死ぬというのは、彼女にとってはとてもうらやましい生き方に見えたようです。

親に憎しみを感じる人たち

アダルト・チルドレンという言葉があります。よく子どもみたいな幼稚な大人のことをアダルト・チルドレンだと思っている人がいますが、これは誤解です。本当の意味は、子どもの頃、適切に養育されなかった子どもたち（チルドレン）が、大人（アダルト）になったことを言います。そういう人は、大人になってからも、親のことでさまざまな困難を抱えることになります。

日本もそうですが、アメリカは１９５０～60年代ぐらいまで、父親の権威が強くて、女性や子どもはマッチョな父親の付属品みたいに扱われて、子どもの人権などまったく認められていないのが普通でした。

アメリカでは60年代から、日本でもそれに続いて70年代くらいから、子どもの人権を認めようという動きが出てきました。最初の頃は、「子どもにも人権があるんだ？」という感じだったと思います。

＊

子どもが親の言われるままの職業に就いたり、親が決めた人と結婚させられるのはおかしいのではないか。それに気付いたとき、自分の親もそうだったと、親に不満を持つ人が続出したのです。

それまでは、「なんかうちの親はおかしいな?」と思っていても、そのように考えることすら許されませんでした。みんな同じような経験をしているから、子どもが虐げられるのは当然だと思って暮らしていたのだと思います。

そんな子どもたちが親になると、自分の子どもに対して同じことを繰り返すようになります。もちろん、そうではない親もいたとは思いますが、アダルト・チルドレンが圧倒的多数だった時代があったことは事実です。

子どもが親を裁判に訴える

アダルト・チルドレンをきっかけに、子どもの人権意識も一気に高まり、アメリカでは子どもたちが、「自分も親にひどい目にあった」と言って、親を訴える子どもが続出しました。

ところが裁判で、親から暴力をふるわれて支配されたと子どもが主張すると、親の弁護士からそれはもう時効だと言われるのです。親に虐待されたのは30～40年も前のことだから、普通に考えれば時効が成立しているわけです。これに対して、子どもの弁護士は、そうではなくて、時効は親に虐待されたことを思い出した時点からカウントするべきであると主張して、それが認められるようになりました。

ちなみに、日本でも障がい者が強制不妊手術をさせられたことを訴えたとき、同じようなことが主張されました。手術させられたのは何十年も前のことだけど、それが不当だと自覚したところから時効をカウントするべきだと言われ、実際に判例として障がい者の人たちの主張が認められるようになっています。

*

時効は虐待を認識したときから始まるという考え方が認められてから、親の敗訴が続きました。すると訴えられた親たちの弁護士や証人として出廷した医者が、子どもたちの主張はフォールス・メモリー・シンドローム（虚偽記憶症候群）だと言い始めました。

親は実際にはそこまで虐待していないのに、子どもが自分の記憶をすり替えたり、想像が混入しているから、ひどい目にあったと主張しているにすぎないと言うのです。もはや泥沼で、親と子どもが法廷でお互いを攻撃し合うようになってしまったのです。

私の患者さんでも、親を訴えたいという人がいましたが、もし勝訴したとしても、「すべて解決してうれしい」とはならないでしょう。慰謝料の金額もたかがしれていると思いますし、むなしさしか残らないような気がします。

毒親からどう逃げればいいのか？

日本では最近、「毒親」という言い方がありますが、毒親について書かれた本を読んで、「ああ、自分が生きづらいのは親のせいだったんだ」と認識する人がいます。自分は親にひどいことをされたから正しく成長できなかった。大人になってから仕事が長続きしないのも、恋愛がうまくいかないのも、毒親に育てられたことが根底にあると思い込むようになるわけです。

でもそれを言っても仕方ないと思います。仮に裁判に訴えたとしても、おそらく根本的な解決にはなりません。それよりも、これからどうするか考えてほしい。患者さんに対しては、私はそういうふうに言うことが多いのです。

＊

私もこれまで、親ともう1回話し合って和解するような解決法を、精神医療の場で試みたこともあります。でも私のやり方に問題があったのかもしれませんが、うまく解決できた試しがありません。

話し合いをしても、親は無自覚で子どもに素直に謝ることができません。よかれと思ってやったとか、厳しい育て方はあなたのためを思ってやってきたと言うのです。それに対し子どものほうは、あんなに勉強させられたり、塾に行かされたのは教育虐待だったとか言って親を非難する人もいます。

その逆で、「塾にも行かせてもらえなかった」と言って親を非難する人もいます。親にレールを敷かれたことを怒る人がいる一方、レールを敷いてくれなかったことを怒る人もいるのです。

才能があるスポーツ選手は、みんな親が子どもを伸ばすために努力するから才能が開花するのに、自分の親は放任主義だったから、自分は大人になって才能が生かせなかったと言う人もいました。

　そういう子どもを見ているから、親と和解する解決法はあまりお勧めしません。親に何らかの問題があったと気付くのは悪いことではありませんが、親を責めたり、親に謝罪させても、根本的な解決にはならないでしょう。

親の圏内の外に出てみる

　それよりも親の影響圏内から逃げるほうが現実的です。「今の自分がこうなったのは親のせいだ」と言っているうちは、まだ親の影響圏内にいるわけです。

　例えば、毒親と手を切りたい人がいたとします。第三者を間に立てて、2度とお互い連絡をとらないように署名しましょうと言って、親が「わかりました」といって署名したら、子どもは見捨てられたと感じて、すごく傷つくかもしれません。

　そういう人は、まだ本当に親から離れたくない。あるいは離れるための心の準備ができていないのかもしれません。

　そんな患者さんに、そのつらさに共感しつつ、「でも今のような生活が今後10年、20年と続いていったら、あなたの人生は終わってしまいますよ」と言うことがあります。その一言がきっかけで、今自分が置かれている現実に気付く人が多いからです。最近はそうやって患者さんの背中を押すことが多くなりました。

＊

でもそれは決して簡単なことではありません。背中の押し方がすごく難しいのです。最初のうちは「それはつらかったですよね」と共感しながら、十分に話を聞かなくてはなりません。ある程度まで話を聞いているうちに、患者さんの背中を押すタイミングがわかってきます。

そのタイミングを間違えると、患者さんは親だけでなく、医者からも自分に非があると言われたと思い込んでしまいます。逆に押すタイミングが遅すぎると間に合いません。カウンセリングの現場では、そんなタイミングがあります。タイミングさえ合えば、親から離れて新しい生き方に踏み出せる人もいます。

精神分析の創始者であるフロイトは、まず患者さんの話を十分に聞いて、その内容を解釈してあげて、患者さん自身がその解釈を理解できると問題が解決すると考えていました。でも現実はそう簡単にはいきません。ときには強く背中を押すことが有効な場合もあります。

後で「強く言い過ぎたかな？」と思うこともありますが、患者さんから「あのとき、先生に強く言ってもらってよかったです」と言ってくれた人も何人かいたので、現実的な解決法の1つだと思っています。

母と娘の対立は永遠のテーマ

親を憎むケースでは、母親対娘が多いと思います。母と娘の対立は永遠の課題のような気がします。

私は詩人の佐野洋子さんの文章が好きですが、『死ぬ気まんまん』という本には、佐野さんが乳がんで余命宣告されてから、元気が出てやりたいことを始めたと書かれています。

その生き方がとても豪快で私は大好きなのですが、その一方で佐野さんは、自分の母親との長年の葛藤を書いた『シズコさん』という本もあります。シズコさんは、佐野さんのお母さんの名前です。

佐野さんには兄がいて、若いときに病気で亡くなっています。シズコさんは娘がいるのにもかかわらず息子を失ったショックを引きずっていたようで、子ども時代の佐野さんがお母さんと手をつなごうとしたら、お母さんに手をパッと払いのけられた記憶があると書いています。それに佐野さんは深く傷ついたようです。

そのエピソードから始まって、シズコさんは何かにつけて娘に依存する反面、お兄さんに対するようには自分を愛してくれなかったと言うのです。死に対しても割りきって豪快になれる人が、自分の母親をこんな風に攻撃できるものかと、私はその本を読んだときに驚きました。

シズコさんは認知症になって施設に入りますが、そこで急にいい人になって、娘に「ごめんなさいね」と言うようになります。何を謝っているのかわからないけれども、それを聞いて佐野さんは母を赦《ゆる》すことにしたと言うんです。

＊

結局、シズコさんは100歳ぐらいで亡くなりましたが、そのときの佐野さんは70代です。乳がんが進行していた佐野さんは、車いすで葬儀に行ったらしいのですが、自分が病気で大変な状況になるまで、佐野さんはお母さんとの葛藤をどう解消するかにものすごいエネルギーを注いでいました。

母親が認知症になってからようやく赦して、それから間もなく自分も亡くなってしまう。そんな人生というのは、何かもったいないような気がしました。それに何に対して謝っているのかわからないのに、きっと自分に謝っているだろうと勝手に解釈して赦すのは、ある種の自己満足ではないかとも思うのです。

こういう人はけっこういて、私が診ている患者さんでも、60歳ぐらいの娘が90歳ぐらいの母親が赦せないと言っていることがあります。母親よりも先に自分が死んでしまうかもしれないですし、そこにいつまでも囚われていては解決が見えません。「そこは割り切って、次に進もうよ」と言いたくなってしまうのです。もちろん、そのタイミングがやってくればの話ですが。

1回は親の家から出たほうがよい

大人になっても、ずっと自宅に住んでいると、親との関係でいろいろストレスを感じることが多いのではないでしょうか。その解決法として、物理的に親の元を離れる、というのはとても重要です。実家から逃げるわけですね。

私が教えていた学生も、就職したのに親の家から出ない人がたくさんいました。家賃もかかるし、最初のうちは苦労するかもしれませんが、1回は親元を離れることをデフォルトにしたほうがよいと私は思っています。それで何かあったら、例えば病気をしたら、いったん戻ってきてもよいのです。

そうしないと、親の家から出るタイミングを失って、親の影響圏内から物理的はもちろん、心理的にも抜けられなくなってしまいます。

＊

ある家族心理学の研究者は、家庭を圧力鍋に例えています。家庭内部ではお互いの圧力が高まって罵《ののし》りあいとかが起きてしまうから、そこに第三者が介入するか、どちらかが家を出るしか解決方法がないと言います。

昭和の頃の家にはいろんな人が出入りをしていて、居候や住み込みのお手伝いさんなど、家族ではない第三者が入り込むことが珍しくありませんでした。それに対し、今は核家族が圧倒的に多いので家族が圧力鍋化しやすいのです。とくにコロナ禍では朝から晩まで親子がいることが多くなったので、より圧力が高まったのかもしれません。

日本人は三世代同居が当たり前だったと言う人がいますが、その中で女性たちがつらい思いをして、心理的に不健康な生活を強いられてきたという現実もあります。

一時期まで、国の政策としても、三世代同居を見直そうとか、家族が核になるとか言われてきました。それで、家族はいつまでも一緒にいないといけないと思い込まされた人がたくさんいるのではないでしょうか。

いつまでも仲良し親子ではいられない

「墓に布団は着せられず」とか「孝行のしたい時分に親はなし」ということわざがあります。これは昔は実家を出るのがデフォルトで、物理的に親から離れざるをえなかったからこそできたことわざでしょう。もう一緒に暮らしていないのだから、「たまには親孝行をしましょう」ということを意味しているのだと思います。

それが現代は親との同居が定着しすぎて、逆に親子がいつまでも仲良しでいるのが当然というのがデフォルトになっています。

オリンピック選手が、メダルをとった後のインタビューで、「親に感謝」とか言いますが、もともと日本は謙遜の文化ですから、人前で家族をリスペクトすることはなかったように思います。ところが今は「親をリスペクトできないやつはダメ」みたいな空気があります。

＊

こうした風潮は、親から自立したいと思っている人にとって、すごく悪影響があるのではないかと思います。親の言うことにカチンときたり、もう一緒に暮らしたくないと思うのは健全なことですから、「親なんか嫌い」でもよいのです。

ある程度の年齢になれば、親の意見に従えないことも出てきます。それなら、その環境から離れるべきでしょう。すぐにできなくても、一緒にいる時間を減らすぐらいの工夫はしたほうがよいと思います。

親と一緒の時間を減らそうとして、自分の部屋に長時間こもっていると、親がキレて「この家が嫌だったら出て行きなさい」とか言われるかもしれませんが、そう言われたらチャンスだと思って、出ていったらよいのではないでしょうか。

きょうだいは親を通じて比べられる

きょうだい（兄弟姉妹）の確執というのもあります。きょうだい間の問題だけでなく、前述の佐野洋子さんのように、親が一方だけを大事にするとか、一方だけを優秀だと思っているとか、親の目を通して比べ合うという構図がよくあります。

旧約聖書のアベルとカインはまさにそんな物語です。アベルとカインが憎しみ合っていたわけではありません。神様への貢ぎ物としてカインは農作物、アベルは肥えた羊を捧げたら、神様はカインの貢ぎ物だけに目を留めた。一見すると見劣りする貢ぎ物のほうを神様は大事にしたわけです。

アベルにしてみれば、自分はこんなに神様に貢献しているのに、なぜ弟のほうばかりという気持ちでしょう。しかし神様を攻撃することはできないので、兄は弟を殺してしまうのです。

＊

この構図は親子にもあてはまるのではないでしょうか。きょうだい間で直接憎しみあっているわけではなく、親の目を通して憎しみが沸いてしまったり、逆に同情が沸いてしまうということがあると思います。

私のまわりでよくあるのは、親の介護の問題が出てきたとき、例えば妹だけが親の面倒を看て姉はまったく看ないなど、年とった親を誰がケアするのかで、きょうだいが対立することがあります。

そして最後は、「こんなに親の面倒を見たのに、遺産が平等に分配されないのはおかしい」と言って決裂することもよくある話です。

そう考えると、親子もきょうだいも、要するに家族というものはトラブルの温床なのではないかと思えてしまいます。ある程度の年齢になったら、親だけでなく、きょうだいも別々に暮らしたほうがよいかもしれません。きょうだいから逃げたほうがよい場合もあるというわけです。

夫婦2人きりは幸せなのか?

子どもが大人になって家を出て、夫婦だけになった場合にも問題が起こることが多々あります。女性に多いと思いますが、子どもが巣立った後、夫婦だけでどういう老後を過ごすのか、いろいろ思い描くけど、夫と意見が合わないことがあります。

例えば、妻は夫婦2人で旅行に行きたいと思っているのに、夫はまったくその気がない。それに対し妻がストレスを抱えているというケースが、患者さんにもけっこうあります。

パートナーを亡くした人の中には、そんな悩みに対して、「相手がいるだけいいじゃない」と言う人がいます。確かにパートナーがいなくなったら、寂しかったり心細かったりするかもしれませんが、意見が合わない夫では、「いるだけでいい」とは思えないのではないでしょうか。

あるいはパートナーが早く亡くなって、そこから自由になるのも女性に多いような気がします。今と逆で、夫と意見が合わない女性は、自由に生きている1人暮らしの女性をうらやましく思うのです。

＊

精神科で患者さんの話をいろいろ聞いていると、よく「これは妻にも言ってない」とか「家族の誰にも言ってない」という言葉がしょっちゅう出てきます。何を言いたいのかというと、家族はすべての情報をシェアしているわけではないということ。この男性の妻は夫が秘密の悩みを抱えていることをまったく知りません。でも夫婦というものはそんなものではないでしょうか。

逆に利害関係のある夫婦のほうがうまくいくかもしれません。男性は自分の評価を上げるために美人の妻を、妻はお金がいっぱいある男性を望む。結婚をビジネスのように考えていると、それはそれでうまくいくのかもしれません。

フェミニズム学者の小倉千加子さんが、『結婚の条件』という本の中で「結婚とは金と顔の交換なのである」と書いていますが、まさに名言です。女はお金のある男を選び、男は顔の美しい女を選ぶ。結婚はその交換だという身も蓋もない話を書いています。

でもこれは、お互いの利害関係がはっきりしているからうまくいくわけです。実際、結婚には多かれ少なかれ、利害関係がつきものです。

「夫婦は一心同体」は幻想

結婚するまでは、それぞれの仕事で生きてきたり、別な家庭で生きてきたのですから、旅行したい場所も、見たいものも、違って当然です。逆に夫婦は一心同体で、好きなものは全部同じと思っているなら、ちょっと怖い気がします。

ですから夫婦がある程度の距離を保って、お互いの好きなことを大事にしながら生きるというのはまったく悪くはないはずなのです。

そこで問題になるのが恋愛です。妻に好きな人ができたり、夫に恋人ができても、それを許容できる夫婦がいるかもしれません。

逆に、異性との恋愛は絶対に許容できないから、趣味などに限ってお互い自由に行動してよいと認め合うやり方もあります。

そこはお互いに話し合って決めておくことが大事です。例えば、異性と食事をするくらいはいいけど、恋愛関係になってはダメとか。その逆に、どんなことがあっても離婚はしないけど、子どもの結婚とか、節目節目には夫婦というユニットとして一緒に行動するという考えもあるでしょう。そこはしっかり話し合って決めておく必要があります。

＊

アドバンスド・ケアプランという言葉があって、日本では人生会議と言われていますが、要するに自分の死に方を決めておくということ。病気が進んで回復の見込みのない状態になったら、どこまで延命処置してほしいのか、あるいはしないといったことをあらかじめ決めておくのです。それはとてもシビアな問題なので、夫婦や家族でよく話し合っておくということです。

それが決められるなら、子どもが巣立ったときに、私たちは夫婦としてこれからどういうふうに老後を過ごすかも決められますね。どれくらい一緒にいて、それぞれどうやって日々を過ごすかを話しておくのです。

人生会議のように、死ぬときのことを今から話している人もいる一方、夫婦のありかたについては話していないカップルが多いような気がします。まだ2人とも元気だったら、私はそれをまず話しておく必要があると思うのですが、みなさんはどう思われますか。

介護はプロにまかせたほうがうまくいく

あらかじめ決めておくことの1つに、親の介護があります。普通は介護が実際に必要になるまで、介護のことを学ぶ機会はあまりありませんし、私もいろんな人から相談を受けましたが、親を施設に入れるか入れないかで悩んでいる人がいる一方、施設に入れてしまったことを後悔する人もいます。

前述の佐野洋子さんのように、自分に冷たかった母親をうまく介護できるのかという問題もあります。佐野さんの場合は、母親が謝るようになったことを、自分に謝っているのだと、ある意味でいいように解釈していましたが、同じような状況で謝られても赦せないという人もいるでしょう。今まで私を支配したり、管理してきた親の面倒なんか見たくないと思うのではないでしょうか。

そこまでいかなくても、今まで面倒を見てくれた親が認知症になってわけのわからないことをいうのが赦せないという子どももいます。冷静になれないから、何度も同じことを繰り返す親に対してすごく怒ってしまう。でも子どもが親を介護すると、それまでの家族の歴史があるので、仕方のないことではあると思います。

＊

それなら他人にまかせましょう。介護のプロにまかせてしまうのです。介護従事者はお仕事なので、適切に接してくれます。むしろ知らない相手だからこそ、ケアする人を尊重しながら介護できるのです。その結果、ものすごくうまくいくというケースはけっこうあると思います。

私も診療所の近くの特別養護老人ホームの入所者を診ています。毎週交代で医者が回診を行っています。

その仕事をして感じたのは、多くの高齢者は施設に入ると元気になるということです。狭い地域ですから、入所する前からその人のことを知っていますし、「今度、特養に入所することになりました」と家族からあいさつされることもあります。それに対し、私のほうは「ああそうですか。じゃあ来週特養の回診に行くときにお会いできますね」と答えるわけです。

それで実際にお会いすると、たいていの人は元気になっているので、こっちはびっくりします。家族からは「うまくやっていけるでしょうか?」とか「きっと嫌になってすぐ帰ってくるのでは?」など心配する声も聞きますが、そういったケースはほとんどなくて、みなさん楽しそうにしています。そんな光景を目にすると、私も介護のプロというのはすごいと思います。

入所者の体調が悪くなると、施設の職員が私の診療所に連れてきます。そのときに職員ともお話しするんですけど、その人もまた親の介護で苦労していたりします。お話をうかがうと、施設でちゃんとケアできるのは仕事だからできるのであって、自分の親だとうまくいかないと言います。

だからお互いにプロにまかせ合うのがいいんだと思います。仕事では高齢者のケアを責任を持ってしっかりやるけど、自分の親は別の人に面倒を見てもらう。そのほうがうまくいくはずです。プロにまかせるのは、介護からの逃げ方のヒントになると思います。

逃げてもスマホを通じて追ってくる

今はスマホが1人1台の時代ですが、固定電話だけしかない時代は、家族単位でコミュニケーション手段を共有していました。

その時代の名残なのか、メルアドを共有している時代がありました。ウィンドウズ95が出始めの頃（1995年）ですが、「うちは夫婦で共有のアドレスだから」と言われたことがあります。

仕事の件でメールをしたら、「家内でございますが……」という書き出しのメールが返ってきたことがあります。この妻は夫のパスワードを知っているのです。パソコンがリビングに置いてあって、パスワードも夫婦で共有しているのでしょう。当時はそれでもよかったのです。

でもそんな時代はとっくに過ぎて、パソコンもスマホも1人1台の時代になりました。すると、一人一人の世界というのが完全にできあがってしまいます。あるいは家族一人一人の世界が完全に分かれてしまいます。それはある意味で、仕方のない現実です。

*

かつて、夫の携帯電話を妻が見てよいのか、あるいはその逆でもいいのですが、そんなことをしてよいのかという議論がありました。今はそれはいけないことになっています。

もちろん、パートナーの浮気チェックのためとか、子どもが何をしているのか心配だから、内緒でこっそり見ている人がいるかもしれませんが、おおっぴらに見ることは許されません。いまや恋人や夫婦でも相手のスマホを見ないというのはマナーになっています。

日本は個人として生きづらい国

今は家族でも夫婦というユニットでもなく、個人個人で違う生き方をしていることをみんな知っている時代だと思います。というよりも、現実にそうやって生きているわけです。

にも関わらず、日本人は個人として生きることがまだ認められていないような気がします。

＊

私が象徴的だと思ったのが眞子さん、かつての、秋篠宮眞子内親王が結婚したときのことです。彼女は個人として、小室圭さんという男性と結婚して、アメリカで生きていくことを選ぼうとしたのに、日本国民はものすごい拒絶反応を示しました。

反対する国民の多くは、小室さんに問題があるからだと言い訳をしていましたが、本音は皇室という伝統ある家の女性が好き勝手なことをするのが許せないのでしょう。

眞子さんは結婚するまで税金で暮らしていたからという言い訳もありましたが、要するに多くの人は、彼女が自由に生きるのが許せないのかもしれません。その理由は自分が自由に生きていないからです。

個人としての自立ということが、戦後何十年もいわれているのに、全然自立できていません。

しかも今はネット社会なので、自分で考えることが難しくなっています。自分で考える前に誰かが考えてくれますから。「この問題をどう考えればいいの？　親も学校の先生も同じことをいっているけど、私の意見は反対なんだけど」というふうに、自分で考えて決める機会が少ない。というよりも決めにくくなっているような気がします。

今はSNSを見れば、ある意見に10万件も「いいね」がついているように、一つ一つの意見が可視化される時代です。「いいね」が多いほうの意見に賛同させられてしまうところがあります。自分で考えて自分の意見をいうのがすごくやりづらい時代になっていると言えます。

批判ができない若者たち

学生はゼミで議論していても、人の意見を批判しようとしません。私が指導していたゼミでも、誰かが発表した意見に対し、ほめるのは上手なのですが、「私は違う意見です」と言えません。

そこでゲームとして、「私がこれから3分間自分の意見を述べるからそれを批判しましょう」といって、批判の練習をしてもらったことがありました。ゲームだから、何を言われても私は何とも思いませんし、それで成績を下げることもしないから、「それは違います」と話すことから始める練習をしたわけです。

そうすると、最初のうち学生はみんな「そんなことを本当に言っていいの？」みたいな反応をするんです。それでもおずおずと、批判的な意見を話すようになり、そこから議論が深まっていくこともありますが、その多くは「やっぱり私とあなたは考え方が違うね」で終わってしまうのです。

要するに、学生たちは批判的な意見を述べることをやり慣れていないのです。学生たちがまったく個人として考えていないことがわかって、私はびっくりしました。それなら、親に言われたことはすべて正しいと思っても不思議はありません。だからある日突然、「今まで自分で決めたことが1つもない。私は親に支配されていたのかもしれない?」と気付いて、親に対して牙を剥くようになるのではないかとも思いました。最近、毒親ということが言われるようになったのは、こうした背景があるような気がします。

学生同士でも、「私はあなたと意見が違う」ということが言えません。頭ごなしに怒鳴ったり、罵倒するわけではないのに、どうしてそれができないのかとても不思議です。おそらく、「みんなで議論しましょう」と言われても、自分の意見に自信がないから、「そんなことを言ってもいいの?」と思ってしまうのでしょう。それで「いいと思います」しか言えなくなってしまうのではないでしょうか。

人の意見に従って生きたほうが楽

個人としての自立ということを話してきましたが、それは別に生活できる分のお金を稼いでいるとか、1人でどんな場所にも行けるとか、そんなレベルの話ではありません。

私が言いたいのは精神的な自立です。自分で考えて、自分で決めるということ。それが今の若い人たちには全然できていない。若者の投票率が悪いといわれますが、誰に入れてよいかわからないから選挙に行かないと言っている人もいます。

逆に選挙に行っている人も、連合などの支持母体のしがらみがあって、組合から○○さんに入れろと言われたから、言われたとおりに投票するといったケースもあります。

違う人に入れてもバレないのだから、それくらいは自分の意思にしたがって自由に投票すればいいと思います。それでも誰かの言うことを聞いてしまうのは、個人として生きていない人が多いからではないでしょうか。あるいは、誰かの意見に従って生きたほうが楽だと考えているのかもしれません。

みんなが読んでいるのが良書？

最近、ベストセラー専門書店という本屋さんに入って、驚いたことがあります。駅の構内にある小さな本屋さんでしたが、ベストセラーになった本しか置いてないのです。でも私はベストセラーだから、みんなが読んでいるから、という理由でその本を買って読む人の気持ちがわかりません。

そのことを学生に聞いたことがあるのですが、私のような考え方は理解できないと言います。学生たちは、「ベストセラーは気になるから読んでみたい」とか「自分が読んでいる本がベストセラーになったらうれしい」と答えていたのです。

私が学生の頃は、誰も読んでない本や、あまり知られてない作家の本を読むのがかっこいいという時代でしたが、今の若い人たちにはそういう発想のない人が多いようで、もはや私の考えのほうが古いみたいです。

あまり売れてない本でも良書と呼ばれる本があります。でも今の人たちにとっては、売れてない本は良書ではないのです。良書でないから売れないと思っている。「売れないけど良書」といった考え方はもはや通用しないのだと思います。

＊

さまざまなジャンルで、売れるものがよいものだと思われるようになってきているから、ＹｏｕＴｕｂｅｒの番組も、チャンネル登録者数が多いものを見ておもしろいと思っています。あるいは、そういう番組だけを見ていれば外れることはないと思っているのかもしれません。それは単純に売り上げ至上主義が支配的になっているだけではなく、その一方で人々の自立の機会が阻まれている現実があるではないかと思います。

自立というのは個人が確立されていないとできません。でも多数派がよしとされる今の時代は、いろんな意味で個人の確立の機会が奪われているので、親子の確執がいつまでも続くとか、夫婦がお互いを牽制しあって、それぞれが本当の意味で、１人の自分として生活できなくなっている。個人が確立されていないことで、さまざまなところに歪みが出てきていると思っています。

第4章

ジェンダー、ルッキズムから逃げる

「女医」は差別用語だったのでは？

この章ではジェンダー（社会的・文化的につくられる性別）による性差別やルッキズム（外見至上主義）、友人や恋人との面倒な人間関係から逃げるにはどうすればよいのかを考えてみたいと思います。

医療の世界では女性差別が昔からありました。第2章でも述べたように、医学部の入試で女性を不利に扱っていただけでなく、「女医」という呼び方にも表れています。

女性の医者は「女医さん」とか、ルックスのよい女性であれば「美人女医」などと呼ばれる一方、「女医のくせに」と差別的に言われることもありました。そんな経験をしてきたので、私たちの世代では、女医と呼ばれるたびに「女医と呼ばないで」というのが決まり文句でした。

そんな時代を経て、女性医師が認められるようになってきたのはよいことですが、むしろ最近では女医という呼称を受け入れて、自身の宣伝に利用している女性医師もいます。例えば、美人の女性医師がテレビのコメンテーターになっていたりしますね。

今はジェンダー不平等に対するポリコレ（ポリティカル・コレクトネス）を気にしなければならない時代なので、女医という呼称がどれくらい使われているかはわかりませんが、女性医師であることをアイデンティティにして成功している人がいることは事実です。

彼女たちは、もはや女性であることで差別されたり偏見をもたれたりといった不利益を被ることが少なくなったから、逆に今度は女性であることを自身のセールスポイントにしようとしているのではないでしょうか。時代が一回りしたように思えます。

でもその言葉が使われていた歴史がわかっていないと、また「女医のくせに」と、差別的な感情をともなって使われるようになりかねません。

かつて歴史的に女性医師に対する差別が行われていたのですから、今〝女医〟をアイデンティティにしている人たちは、「その時代に戻っても大丈夫ですよ」と言っているようなものではないかと思います。

＊

今の時代は一見、ジェンダー平等が実現されつつあるように思えるかもしれませんが、油断すると本当にそこから逃げられなくなってしまうかもしれないので、注意してほしいと思います。

医者と看護師はいまや対等な関係に

医療現場では看護師も女性であることで差別されてきた歴史があります。そもそも看護師と呼ばれるようになったのは２００２年からで、それ以前は「看護婦」と呼ばれていました。女性であるということで差別され、また職業としても医者より下に見られていました。

今はだいぶ改善されてきたと思いますが、それは看護師さんたち自身の努力があったからです。看護は医療とは別の役割があると看護師たちが主張し、医者の言いなりになってその手伝いをするのではなく、自分たちで看護計画をきちんと立てて、患者さんと向き合うべきだと言ってきました。そんな努力があって、今では看護は医療と並ぶ大事な部門であると認識されるようになってきたのです。

それを実現するために、日本看護協会から国会議員を送り込むなど、看護師の権利の向上のために努力をしてきました。その甲斐があって、今では「チーム医療」が前提になり、医療と看護は、どっちが上か下かではなく、それぞれ協力しながらやっていくことになったわけです。

＊

それでも昔の教育を受けている医者の中には、「看護婦は医者のいうことを聞いていればいいんだ」といった言い方をする人もいます。

前述の女医と同じで、看護師たちは「看護婦」と呼ばれるたびに、「看護婦という言い方はやめて、看護師と呼んでください」と発言を訂正し続けてきた歴史がありました。

でもそんな歴史を知らない若い看護師も増えているので、ちょっと気を抜くと再び昔に戻ってしまうかもしれません。そこには看護師はもちろん、医者やその他の医療従事者、そして患者として関わるすべての人が意識的になってほしいと思います。

ディズニーはジェンダー、人種に配慮

今の若い人たちはミソジニー（女性蔑視）やレイシズム（人種差別）などに対し、

私たちの世代ほど気にしていないような気がします。

例えばディズニーはポリコレをすごく意識している企業なので、今のディズニー映画は先住民族や黒人がプリンセスになっています。プリンセスたちも昔のディズニー映画のように王子様を待っているというようなキャラクターではなく、腕力もあり悪と戦ったりもします。

それが若い人たちにはよく理解できないようです。以前、学生たちに聞いた話ですが、学生たちはプリンセスが王子様の到来を待ち望む美人の白人で別にかまわないと言っていました。

過去には女性が差別されたり、非白人のアジア人や黒人がひどい扱いを受けてきたという歴史的な背景がありました。今それをようやく乗り越えて、多様な人種が平等に取り上げられるようになってきたのに、学生たちはその歴史を知りません。というより知ろうとしていません。

ジェンダーや人種が平等になった今のディズニー映画は、いわば歴史的な戦いから得られた果実です。その果実だけを享受して、学生たちは「自分たちは差別なんかしていない」と言います。にもかかわらず、古い映画に美人の白人プリンセスが登場してロマンチックな気持ちになれるのも、「全然いいと思います」と言うのです。

それに対して、今私が言ったようにツッコむと、学生たちから「ポリコレというのはうっとうしいものですね」と言われたり、すごく評判が悪いんです。

＊

ミスコンもそうです。学生たちの多くはミスコンに反対していません。「ミスコンはルッキズム。見た目だけで順位を決めるなんておかしい」という学生もごくわずかにいますが、ほとんどの学生は「学園祭のミスコンをすごく楽しみにしていたのに、それをやめろというのはおかしい」と言います。

おそらく学生たちがそんなことを言うのは、女性医師差別と同じで、時代が一巡したからではないかと私は思っています。

女性差別もルッキズムも、上の世代が反対してきた歴史を経て、ようやくその考え方が浸透したと思いますが、学生たちはなぜそういう時代になってきたのか、その歴史を知らないわけです。

ルッキズムがあるのは仕方ない？

確かに今の学生は、私たちが受けたようなひどい目には遭っていないから言えるのかもしれません。前述の医学部は別として、普通の入試では男女差別はなかったと思いますし、今は職場でも賃金などでの差別は許されません。

ただ女子学生は、就活のときに違和感があるようです。以前、学生たちと議論していたとき、ある女子学生が、「就活で最終面接に残るのはみんなかわいい子ばかり」だと言ったことがあります。それに対して私は「それはルッキズムですよ」と指摘しました。それに対する女子学生の答えは「ルッキズムはあるけど、それは当然のことでしょう」でした。

そこで私は、顔や外見のほとんどは生まれつきなのに、かわいい子ばかり得をして、そうでない子は評価されなかったり、実力があっても入社試験に落ちてしまうのはおかしいのではないかと反論しました。すると今度は、会社としては見栄えのよい子がいると営業がしやすくなるから、会社がそうした人材を欲しがるのは当然のことだと言われました。

彼女の言い方はまるで経営者目線です。学生たちは会社に選ばれる人間なのだから、「顔で選ばれるなんてひどいです」と言ったらどうかと問うと、それでも納得がいかないようで、自分が経営者だったらそう言うだろうと答えました。

さらに彼女は、美人やイケメンは努力をしているとも言っていました。生まれつきのものもあるかもしれないけれども、多くの人はかわいらしく見せたり、かっこよく見せるために、それなりの努力をしていると言うのです。

それに対して私は「見た目の90％は生まれつきの顔だから、それを利用しているだけじゃないの？」と反論すると、学生からＡＫＢ48のようなアイドルたちも努力をしていると言います。努力をしているからアイドルたちに人気があるのは当然だと言うのです。

＊

このやりとりで感じたのは、今の若い世代は、ジェンダーやルッキズムの問題を突きつけられても、そもそもそこに疑問を感じていないのだな、ということです。だから、そこから逃げようという発想にもならないのでしょう。

対人恐怖症に役立つマスク生活

コロナ禍でマスク生活が3年以上続きました。みんながマスクをつけていたことで、ルッキズムの問題は一時的に宙に浮いたような側面があるかもしれません。

昔からありますが、日本人の対人恐怖の心理の1つとして、「人からどう思われているか？」があります。自分のルックスに自信のない人が、「人様に嫌な思いをさせたくない」といった奇妙な他者への配慮のようなものが日本的な対人恐怖の背景にあるとも言われています。

ところがみんながマスクをすると、人から顔を見られなくなりますし、見せなくても文句を言われないとなれば、対人恐怖から解放されるわけです。マスクをつけているほうが楽だという人が多いようなので、そんな側面は確かにあるでしょう。

見られたくないし、見せたくない。知人とすれ違っても、コロナ前だったら、「○○さんが歩いている」とわかったのが、わかりにくくなってしまいました。それがすごく快適だという人もいるでしょう。

一方で、YouTuberのように、顔を出して目立ちたいという人もいますが、全体的には目立ちたくない人のほうが多いと思います。

＊

2023年3月13日から、マスクの着用は個人の判断に委ねられるようになりましたが、今後もマスク生活を続けるという人も一定数いると思います。

個人的には、マスクをすることで気持ちが楽になって気軽に外出できたり、外出先でドキドキしないですんだりするなら、大いにマスクを利用してほしいと思っています。この場合のマスクは、対人恐怖から逃げるためのアイテムになるわけです。

ただコロナ禍のときに「マスク警察」がいたように、今度は「マスク外し警察」が登場して、「なんでまだマスクをつけているんだ」と言ってマスクをしている人を攻撃するかもしれません。

でもマスクをしたほうが楽だと思える人は、マスク生活を続けてよいと思います。何か言われたら「感染症はコロナだけではありませんよ」とか言っておけばよいのです。

戦略的に世論を動かしたLGBTQ

そんな学生たちですが、唯一、みんなが関心を持っていて、変えたほうがよいと言っているのが、ＬＧＢＴＱの問題です。それにはみんなすごく関心を持っています。でも学生たちの関心が高いのは、ＬＧＢＴＱの問題を訴えてきた人たちが、自分たちの主張を世の中に伝えるために戦略的に行動した結果でしょう。例えば政治家へのロビー活動を行って、ＬＧＢＴＱの議員連盟をつくらせたりもしています。

またメディアにも働きかけて、ドラマやマンガにもＬＧＢＴＱをテーマにするように働きかけるなど、一生懸命行動してきました。ある意味で、ＬＧＢＴＱに関してはマーケティングが上手だったと言えるでしょう。

学生たちはそういうドラマやマンガを観ているから、ＬＧＢＴＱには抵抗がないのだと思います。だからタレントや歌手が、同性愛をカミングアウトしてバッシングされたりすると、それはおかしいと素直に思える。ＬＧＢＴＱを差別する世の中は変えたほうがよいとか、多様な性に対して平等であるべきだということを、学生たちはすごく言いますが、それはよいことだと思います。

*

にも関わらず、前述のように、女性差別に対して当の女子学生たちが気付いていません。女性もマイノリティですが、ＬＧＢＴＱのほうが圧倒的に数は少ないわけです。その人たちの権利にはすごく理解を示すのに、女性であるとか、外見だけで自分の価値が決められるということは受け入れているのです。

あるいは親の貧富の差などで人生が決まってしまうということに対しても鈍感です。確かに大学で学べるような学生は、それほど貧しい家庭には育っていないと思うので、気付いていないのかもしれませんが、お金をたくさん持っている人たちの存在に疑問を持つことはありません。別にお金持ちを恨めとはいいませんが、貧富の差で人生が決まってしまうことをおかしいと思ったり、奨学金の返済に苦しんでいる学生たちを何とかしなければと思っている学生はごく一部です。

友だちがいないのは不幸なこと？

友だちがいないことを不安に感じる人がいます。友だちをつくらないといけないというプレッシャーから逃げたいという人も多いのではないでしょうか。

そもそも、友だちの定義ほどあいまいなものはありません。学生の中にも、友だちがいないと言って悩んでいる人がいます。でもその学生も、普段は誰かと一緒に歩いていたり、学食で一緒に食事するような人がいるのです。私が「その人は友だちじゃないの？」と尋ねると、「違います」と答えます。じゃあ、友だちとは何なのでしょうか。

よく「何でも話し合える友だち」と言いますが、それはその人の背景を含めて全人格的につきあえる人間をイメージしているのでしょうか。そんな友だちを得るのはまず不可能でしょう。

学生の中には、同じSNSのアカウントをたくさん持っている人がいます。「どうしてそんなにいっぱいアカウントがあるの？」と尋ねると、趣味別のアカウントが複数あるほか、アルバイト先の仲間のアカウントもあります。「よく混乱しないね？」というと、「それは慎重にやっていますから」と答えていました。

＊

私からすると、それぞれの人は友だちのようですが、その学生の趣味が鉄道だったとすると、アルバイト先の友だちは鉄道が趣味であることを知りません。知らない面がお互いにあって、一つの面だけのつきあいの友だちが複数いるのが、今の若い人たちの友だちのあり方になっているような気がします。

にもかかわらず、学生たちは、すべての面で気が合う、すべての面で話せる人を本当の友だちだと思っているのです。でもそれは幻想で、とくに今の時代、そんな友だちを得るのは不可能なのではないでしょうか。

「自分のすべてを受け止めてくれる友だちがいるはずだ」という幻想からいったん逃げてしまわないと、「この人は友だちじゃない」「この人も違う」と転々としながら友だちを探していくことになるのではないでしょうか。

傷つけ合う関係になっていませんか？

恋人も同じで、女性なら「すべてをわかってくれる彼氏がほしい」という人がいますが、それもまた幻想です。ドラマやアニメの世界にはそんな彼氏がよく出てきますが、現実にはそういう人はまずいません。

女性をすべて包み込んでくれるような男性がいないわけではありませんが、それは誰かを救うことで自分が救われるというタイプの人であることが多いのです。この場合、女性を助けることで、男性の尊厳が保たれるわけです。

そんな男性を求める女性は精神的に問題があります。女性を救いたいと思っている男性のほうもある意味で病んでいるのです。

＊

精神科の病名の1つに、ボーダーライン・パーソナリティ障害（境界性パーソナリティ障害）があります。その人たちは、いつもボーダーライン（境界）のような不安定な状況にいて、誰かに頼らざるをえない状況にいます。

「誰か私を支えて」という女性と、それを支えるのが喜びという男性がうまくくっつくと、ある意味、よいカップルになるわけです。いわゆる2人だけの世界をつくれるわけですね。

でもそのカップルの関係性はどこかで破綻して、お互いに激しく傷つけあったり、生きるの死ぬの的なトラブルが起きることもあるので、危険であったりもします。

本当に個人として生きていれば、友だちであれ、彼氏であれ、彼女であれ、自分のことを全面的にわかってくれると思うことはないはずです。

でも人間はそういう存在を求めるのかもしれません。だから西洋ではキリスト教のような全知全能の神を信じる宗教（一神教）がつくられたのだろうと思います。

ペットやロボットが話を聞いてくれる

どうしても誰かに話を聞いてもらいたいのであれば、動物のほうがよいでしょう。

私はそんな悩みを持っている人に「ペットを飼いませんか？」と言うことがあります。犬や猫なら何を言っても黙って聞いてくれるからと言うと、それで満足する患者さんが多いのです。ペットは勝手に自分の気持ちを投影できる相手になるからでしょう。

ペットは家族間のクッション役にもなります。「うちはワンちゃんや猫ちゃんがいるからうまくいっている」という夫婦がいます。「あら今、この子がニャンと鳴いた」とか。そんなささいなことで夫婦の会話が成立するから、意外に夫婦間のクッション役になると思います。

でも犬や猫は世話が大変です。もっと嫌なのは10~20年ぐらいで死んでしまうこと。するとその喪失感から立ち直れなくなる人もいます。でも飼えるような環境にある人には、犬や猫はお勧めです。

犬や猫を飼うのが難しければ、金魚やメダカでもよいですし、植物でもよいのです。この植木鉢の木はいつも私を癒やしてくれて、私が話しかけても愚痴1つ言わずに聞いてくれると感じる人もいます。実際に木がしゃべるわけではありませんが、話しかけて気持ちが楽になるならそれでよいのです。

＊

私の診療所がある地域で、ポニーを飼っている人がいます。最初にポニーを見たときびっくりして、「どうしてポニーがいるんですか?」と私が聞くと、「まあ、ペットですね」と答えます。このあたりは昔、農耕馬を飼う習慣があったので、馬やポニーを飼っている人がけっこういると言うんです。

馬は何を話しかけても黙って聞いてくれるし、たまに蹴られることもあるけど、かわいいし、癒やされていると言っていました。

ヤギを飼っている人もいます。犬や猫は人間に近い存在になり過ぎてしまいましたが、馬やヤギは人間とはかなり違う存在ですから、自分の心を見抜いているように感じるのではないでしょうか。

もちろん、都会で馬やヤギを飼うのは難しいですから、お勧めはしませんが、生き物が飼えないなら、ぬいぐるみでもよいのです。お気に入りのぬいぐるみがあるなら、それに話しかけるのもよいでしょう。

最近では愛玩ロボットもあります。今度、NASAの火星探査機に乗る人間に同伴するロボットとして、日本のアザラシ型ロボットのパロが採用されました。火星まで何年かかるのかわかりませんが、孤独な宇宙旅行中、そのロボットに話しかけるのでしょうか。

第5章

ネットの呪縛から逃げる

SNSから逃げるのが困難な時代に

SNSの問題については、これまでも触れてきましたが、そもそもSNSのしがらみから逃げることは可能なのでしょうか。ここからは、SNSをはじめとするネット社会に関する問題と、そこからの逃げ方について考えてみたいと思います。

私の患者さんでもSNSでの他者とのやりとりで傷ついたという人が、少なくありません。冷静になって客観的に考えればわかりますが、学校や職場で実際にいじめられたり、脅されたということと、SNSで中傷されたというのは明らかにレベルが違います。

インターネットに触れたのが大人になってからの世代の人は、SNSで自分のことを書かれるのが嫌だったら見なければよいと言います。確かに見てなければ、書かれた内容を知ることはできません。また自分の悪口を言う人がいると言うけれど、「その人はいったいどこにいるの？」と尋ねる人もいます。それに対して「あの人たちはSNSの中にいる」と答えると、「知っている人じゃないなら、いないのと同じだね」

と旧世代の人たちは言うのです。

物心ついたころからネットが生活の中にあった世代にとって、スマホのメールやSNSのコメントは、直接手の中に届くような感覚があるようです。SNSのことで悩んでいる患者さんに対し、私も最初のうちは直接書かれた物が届く郵便と違って、SNSのコメントなんて、見に行かなければ目にすることがないのですから、「見に行かなければよいのでは？」とアドバイスしていたこともありました。

でも実際に被害を受けている人にしてみると、それは逆で、郵便はポストに行かなければ書かれたものを見ることはありませんが、スマホは手の中にあって、そこに直接悪口が届くような感じがすると言うのです。確かにその人の体感としては、直接届くものなのでしょう。それに加えて、誰が言っているのかわからないと不気味ですらあると言います。

SNSのコメントが気になる人たち

私もいくつかのSNSのコメントで誹謗中傷されたことがありますが、別に顔を知っている人ではないだろうから、「またおかしなことをいっている人がいるなあ」と感じるくらいで別に気にしていませんでした。

ところが、たまに明らかに私の行動を目の前で見ていたと思われる人が、私の行動をＳＮＳに書き込んでいることがありました。

一番怖かったのは、電車の中でパソコンを開いて短い原稿を書いていたことがアップされたときのこと。あいつは電車の中でキーボードをカタカタさせていて迷惑この上なかった、といったコメントが載っていたのです。私の場合、マスコミなどで少々顔が知られているので、自分の知り合いではなかったかもしれませんが、それを読んだら「車内にそんな人がいたっけ？」と疑心暗鬼に陥りました。

＊

自分もそういった経験があるので、患者さんに対し、「そんなのはＳＮＳをいちいち見にいかなければないのと同じですよ」とはとても言えなくなりました。誹謗中傷のコメントがある種の心理的な影響を与えるということを私自身も知っているから、そのことで悩んでいる患者さんと対面すると、ＳＮＳでのトラブルは、今まで述べてきた職場や家庭で起きているトラブルとは質が違うということを感じます。

上の年代のほうがネットにハマりやすい

その一方で、SNSとうまくつきあっている若い人もいます。学生はSNSにはネガティヴな面があると知っているから、アカウントに鍵をかけて、顔を知っている人とだけやりとりをしている人が多いようです。

あるいは、親がSNSのトラブルに巻き込まれているとか、親がSNSにハマりすぎて心配だといった相談を学生から受けることもあります。

＊

例えば、専業主婦の母親が、自分は無農薬の食品について詳しいということをSNSにコメントしたら、いろんな人からもっと教えてほしいとか、この食品についてもっと詳しい情報を知りたいといったリアクションがいっぱいあったそうです。するとその母親は、自分の世界が広がったような気持ちになったのでしょうか、1日中リアクションへのコメントを返信しているというのです。

子どもは心配になって、「そんなのキリがないからやめなよ」といっても、母親は「私を必要としている人がこんなにいるんだから、きちんと返さなければ」と言って、どんどんのめり込んでいくのです。

50代以降の世代では、ＳＮＳで傷つく人がいるだけでなく、このようにハマりすぎている人も多いようです。

＊

さらに上の世代になると、ＹｏｕＴｕｂｅの政治的に偏った番組を見ていて、それが本当だと思っている人が多いようです。だいぶ減ってきましたが、私の患者さんにもいました。私が「ネットの動画なんて信用できないものが多いですよ」と言うと、「だって先生、テレビでやってたんですよ」と答えます。「どこの放送局ですか？」と尋ねると、結局、ＹｏｕＴｕｂｅだということがわかりました。

今はＹｏｕＴｕｂｅが映るテレビもあるので、それが普通のテレビ番組だと思い込んでいる人がけっこういました。自分が信じ切ったことを人に話してトラブルになったり、高齢の世代はそんな悩みを持つ人もいます。

怒りのコメントはすぐ送らない

ＳＮＳの誹謗中傷というと、２０２０年に女子プロレスラーの木村花さんが自殺してしまった事件がありました。

アメリカでも同じような事件があったようで、ＴＥＤ（Ｔａｌｋｓ）というスピーチコンテストのような動画を学生に見せたことがあります。ＳＮＳの書き込みのせいで自殺した友人のことが話されていました。

そのスピーチをした人は、同じようなことが2度と起きないように、ＳＮＳで何か書いても、６秒たたないと送信ボタンを押しても送信できないシステムをつくりました。

怒りの感情をコントロールするアンガー・マネジメントという考え方があります。その1つに怒りを感じたら6秒待つというものがあります。怒りの感情が起こるとアドレナリンというホルモンが大量に分泌されて興奮状態になりますが、そのピークが６秒なので、そこを乗り切れば冷静になれると言われています。

だから怒りの感情にまかせてＳＮＳに書いても、送るまでにタイムラグがあれば、送信を取り消すことができるというわけです。６秒という時間で十分かどうかはわかりませんが、自分が書いたものをいったん読み直して、よく考えてから送るのは大事なことです。

＊

自分がアップしたコメントが誰かを傷つけているのではないかと悩んでいる患者さんに、「ＳＮＳにアップするとき、よく見直してから送っていますか？」と尋ねると、人が言ったことにカチンときたら、それに対してキツい言い方をしたり、衝動的に反応して、後で「しまった！」と思うことがあると答えていました。

だったら、よく考えて書きましょう。その人が本当に思っていることではなく、そのときの気分で書いてしまうことは誰にもあります。そんなときは、少しＳＮＳと距離を置いて、冷静になって状況を客観視できるようになってから再開してはいかがでしょう。

自分に向けられて書かれたことも同じです。例えば、誰かに対して「死ね」と書かれていたのを見たとして、書いた人は本気でそう思っているのかどうか考えてみてください。冷静になって見れば、「イライラして書いているみたいだな」ということがわかります。

だとしたら、自分に向けられた言葉だけが本気ということはないのではないでしょうか。そう考えていくと、書かれた言葉を客観視できるようになります。

アカウントを消しても気になる人たち

自分に向けられた言葉を客観視できず、どうしても見たい衝動を抑えられないなら、SNSから完全に逃げてしまえばよい。つまりアカウントを消してしまう。それが自分を守るために必要なこともあります。

でもアカウントを消しても、「私のアカウントが消えたことをみんなどう思っているのだろう?」と心配になって、また別なアカウントをつくってSNSを覗いてしまう人もいます。

アカウントを消したことをみんながどう思っているかは、考え出すとキリがないので、消したら自分はもうここにはいないと思えばよいと思います。もちろん、誹謗中傷の書き込みをする人が一番問題ですが、真に受けないで「かわす」という態度も大事です。

誰でもちょっとしたことでカッとなって、やけっぱちで罵詈雑言をあびせたり、自分がイライラしているときのうさ晴らしで、ひどいことを言うことがあると思います。人の言動はそういうものだと1度でも考えたことがあるのなら、罵詈雑言をあびせられたときのショックも、10だったものが7になるとか、いくらか軽減されると思うのです。だからこそ、知ることが大事です。

知識があるかないかで受け取り方は全然違ってきます。宗教などの勧誘や詐欺なども、この人たちはお金目当てで言っていると思えたら、逃げることができます。常に一歩引いて冷静に考えましょう。

おまじないは「たまたまそうだった」

SNSだけではなく、面と向き合った対人関係に悩んでいる人にも言いますが、「どうしてこんなことになっちゃったんだろう?」と考えることには意味がありません。

本当のことはわからないですから、「どうしてこの人は、自分にこんなひどいことを言ったのか？」ということは、いくら考えても答えが出ません。

「私のあの一言がいけなかったんだ」と言って納得する人もいますが、それが正解かどうかもわかりません。

＊

私の患者さんで、趣味の仲間同士でSNSをやっていてすごく楽しかったのに、あるとき仲間の1人が自分に対して冷たくなったことがあったそうです。

真面目な人だから、「何がいけなかったんだろう？」と一生懸命考えて、自分の発言をさかのぼって見て、「このときの書き込みが失礼だと思われたんじゃないかな？」と思って悩んでいるという相談を受けました。でも私としては、そうだったかもしれないし、そうでないかもしれないとしか言えません。

その患者さんは、理由がわかったと納得していますが、まったく違う理由かもしれません。その自分に冷たくした仲間は、単にそのとき、ムシャクシャしていただけかもしれません。それはいつまでたってもわからないことなので、対人関係がうまくいかなかった理由を掘り下げるのは、あまり意味がないと思っています。

そういう人には、「たまたまそうだった」という究極の言葉をおまじないにするように言っています。自分が巻き込まれたことはたまたま起こったこと。それ以上の答えはわかりません。そんな悩みを感じたときは、「たまたまそうだった」とおまじないを唱えましょう。

精神科オンライン診療の難しさ

SNSやメールは基本的に文字だけのやりとりです。相手の表情が見えないので、誤解が生まれやすいと言われています。

例えば、ビデオ電話やオンライン会議で顔を見ながらやりとりしていれば、相手が退屈そうな顔をしていたら話題を変えたり、あるいは声のトーンを聞くことで、コミュニケーションを調整することができます。

でもチャットのように文字だけのやりとりでは、自分に好意的なのか、嫌な気持ちを持っているのか、退屈でつまらないと思っているのか、判断しづらいことがあります。インターネットの初期から、社会学でもそのことが指摘されていて、文字だけのコミュニケーションはうまくいくはずがないと言われていました。

＊

コロナ以前から、精神科医の間でネットカウンセリングの可能性を議論していました。そんな中、コロナで患者さんが病院に来にくくなると、一般診療ではオンライン診療が行われるようになりました。国もオンライン診療を推進しているので、コロナがその後押しをした感じですね。でも精神科のオンライン診療は難しいのです。

仕方なく、精神科でもＬＩＮＥで症状を聞いて薬を出すなど、一部でオンライン診療が行われていますが、本当は無理なのです。

例えば、患者さんが「先生、私はもう死にたいんです」と言ったとしても、対面なら、ちょっと冗談ぽくいっているのか、本当に深刻に打ち明けているのか、判断できます。でもＬＩＮＥのメッセージに「もう生きているのも嫌です」と書かれていても、患者さんがどういう気持ちで書いているのかまったくわかりません。

精神科の診察は、患者さんが診察室に入ってきたときから始まっています。その患者さんがまとっている空気のようなものから、姿勢や表情、声のトーン、あらゆるものが情報です。それらを総合的に判断して、最終的にその人が何を訴えているのかを考慮して診断します。でも文字しか手がかりがないと、情報量は対面の１００分の１くらいになってしまいます。それだけで診断するのは本当は不可能なはずなのです。

メールの文章は深読みを要求する？

コロナ禍では、会社がリモートワークを推進するようになり、メールだけでコミュニケーションのすべてを処理しようとする人が増えてきたような気がします。リモートワークになって、「会社に行かなくてもよい」「上司と顔を合わせなくてもよい」と言う人がいる一方、メールだけのやりとりでは、うまくいかないことが多いという人もいます。

職場にいれば同僚の顔を見ながら、「この書類、ここ間違っているわよ」とか「ごめんなさい、間違えました」程度のやりとりで済むことが、メールだと「お世話になっております」から始まって、「〇〇の書類ですが、一部不備があります…」といちいち書かないといけませんし、それに答えるほうも、「大変失礼いたしました」といったやりとりをするようになるから、それがすごく疲れるとか、人間関係がギクシャ

「○時○分に○○で会いましょう」といった連絡業務に用いるなら便利ですが、感情的なやりとりには不向きではないでしょうか。

＊

ネット上のコミュニケーションで問題だと思うのは、そこで交わされる文字が手書き文字ではなく、新聞や雑誌と同じフォント文字であることも大きいと思います。フォント文字（旧い言い方なら活字）というのは本物っぽいのです。例えば、手書きで「おまえなんか嫌いだ」と書かれたメモを見たとします。それが丸っこい字で書かれていれば、「なんだこの人はふざけているのかな？」といった受け取りができるかもしれません。でもSNSのリアクションに、「あなたの存在価値はございません」とフォント文字で書かれていたとしたら、書いている人の気持ちを推し量ることが難しくなります。

またフォント文字で書かれていると、文章としておかしなところがあっても、正しいと思ってしまうところもあります。日本語は助詞ひとつで意味が変わるので、意味のとれない文章に遭遇すると、単にメッセージを送った人が打ち間違えた可能性があっても、逆に深読みを誘います。

あるいは、単に人に伝える文章としては拙いだけかもしれません。でもフォント文字で書かれていると、自分の読解力が足りないと思ってしまうこともあるでしょう。手書き文字で書かれていて拙い文章だったら、「この人は文章で伝えるのが下手なんだな」というくらいで納得できます。

＊

最近、ＣｈａｔＧＰＴが話題になっています。対話型のＡＩサービスで、短い質問に対して、文章で答えてくれるというもの。海外では学生がレポートの作成に使ったりして問題になっているようですが、日本語版もあるので、今後同じような問題が出てくるかもしれません。

私に言わせると、長い文章でもっともらしく答えているだけのような気がします。今後はこのようなＡＩが書いた文章もＳＮＳに掲載されるようになるでしょう。そうなると、どれが人間が書いたもので、どれがＡＩが書いたものかわからなくなってきます。ＡＩが書いたと知らなくても、それを受け取る人は、深い意味があるような気がして、その内容を鵜呑みにしてしまうかもしれません。

ChatGPTに関しては、今のところ賛否両論ですが、結局はAIが何らかのアルゴリズムに従って書いているだけですから、鵜呑みにしたり、深読みしたりすることで何かが得られることはないと私は思っています。

誹謗中傷メールはさらしてしまえ

SNSで誹謗中傷されたら、本当に嫌な気持ちになります。そこから逃げるのはなかなか大変です。

もちろん、受け取る側が気にせずにスルーすればよいのですが、なかなかそうもいきません。そのことに苦しんでいる人たちが実際にいるわけですから。

それは1人で悩んでしまうからでしょう。相談できる人がいれば、「こんなことを書く人はフツーじゃない」「このコメント全然文章になってない」など、発信者の問題を指摘してくれるかもしれません。

だったらもっと一歩進んで、おかしな文章を衆人の元にさらす仕組みとかがあるとよいのではないかと思います。

沖縄県那覇市のブックカフェで、沖縄に対するインターネット上のヘイトスピーチをプリントアウトして会場の壁面や床に貼り出すというイベントが行われました。その枚数は約200枚。イベントを主催した沖縄カウンターズのメンバーは「これでもほんのわずか。子どもが目にしたら、いったいどうなるのか」とコメントしています(琉球新報2022年2月22日)。

このイベントがよいと思ったのは、ネットに載った文章を壁に貼り出すというリアルな表現で行動を起こしていることです。ネットの中のことをネット上で解決しようとすると、相手はまた攻撃してくるでしょう。だからリアルな表現として、いろんな人に見てもらうのは、本当にいいアイデアだと思いました。

*

こういうやり方は昔からあります。以前私は、熊本県の水俣病歴史考証館(一般社団法人水俣病センター相思社の施設)を見学しに行ったことがあるのですが、水俣病患者に対して心ない言葉を書いた葉書を展示していました。

なりすまし患者だろうとか、保証金目当てでやっているんだろうとか、水俣病患者やその家族に対して、ひどい言葉を葉書に書いて送ってくる人がかつていました。その葉書を展示しているのです。

そんな葉書をみんなで見たら、患者やその家族がひどいことをされているとみんな思うでしょう。どこの誰かもわからない人から、そんな葉書が送られてきたら、ものすごい恐怖を感じると思います。でもそれを周知の目にさらすことによって、こんな葉書を送ってくる人はおかしな人だとみんな思うようになるのではないでしょうか。

おみくじの内容が自分のことだと思うのは？

匿名の人から送られてくるSNSのコメントは、私に言わせると「おみくじ」のようなものです。

おみくじは冷静に考えると、自分に対していわれているものではありませんね。多様な解釈ができる文章なので、つい書かれていることが自分のことだと思ってしまうのです。星占いも一緒です。

どうして人はおみくじや星占いに書かれた内容を自分のことだと思ってしまうのでしょうか。それを明らかにしたバーナム効果という有名な心理実験があります。

1950年代、アメリカの心理学の授業で、教授が今日はみなさん、心理テストをしますと言って、いろんな質問に答えさせ、その後、結果はみなさんにお送りしますと言って、結果を送付しました。

そして翌週の授業のときに、みなさんに届いた答えは、自分に当てはまっていると思いますか、と聞いたところ、5点満点中、4・7点という高い数字で、ほとんどの人が当たったと答えたそうです。

すると先生が、実はみなさんに送った結果はすべて同じものだったと、種明かしをします。さらにその結果はいろんな文章を切り貼りしたもので、まったく根拠がありません。

例えば、あなたは普段はしっかりしていますがときには意志が弱い面もありますといった、誰にでも当てはまる内容の文章です。あるいは、その人の自己愛をくすぐるように、あなたには人には知られていない才能がありますといった答えもありました。そうした結果に対し、ほぼ全員が当たっていると答えたのです。

解釈が多様な言葉というのは、その程度のものです。だからSNSの言葉も、誰にでもいえることをいっているだけかもしれません。それなのに、言葉を受け取った本人は、「この人は私のことをよくわかっている」と思ってしまうのです。

ちなみに、バーナム効果の「バーナム」というのは、その当時アメリカで流行っていたマジシャンの名前です。誰もが魔法にかかったように当たったと思い込むことから名付けられたようです。

私も大学の授業でバーナム効果を取り上げたことがあります。そして、当時の実験で配られた答えを見せると、バーナム効果の話をしているのにもかかわらず、「これは私のことだ」と言っている学生がいました。

インスタは自慢ではなくサービス

ネット上で他人と比較して悩むという人がいます。これはインスタグラムのような画像投稿サイトをフォローしている人に多いようです。

私の患者さんで、自分はダメだと言っている人がいたので、「何がダメなの？」と尋ねると、自分と同じくらいの世代で、手づくりのきれいなお弁当を子どもにつくってあげている人たちがいると言います。でも自分がつくるお弁当は冷凍食品ばかりで、それを比べて落ち込んでいるというのです。

それに対して私は「フォローしている人は友だちなんですか？」と問うと、全然知らない人だと答えます。実際に会ったこともない人と比べて落ち込んでいるのです。そんなことをしていると、比べる相手が無制限に広がって収集がつかなくなってしまいます。

＊

インスタをやっている学生に聞いたことがあります。おいしい食事の写真をアップしているのは自慢したいからなのかと聞くと、ある女子学生はそれはないというんです。「じゃあ、どうしてするの？」と尋ねると、その写真を見ている人にいい気持ちになってもらいたいからだと言うのです。自分が投稿したきれいな景色やおいしそうな食事の写真を、見ている人に「素敵だな」「おいしそうだな」と思ってもらえるように、サービスとしてやっていると言っていました。

自分の顔を修正したりもしているのですが、それは自分をよく見せたいからではなくて、写真を見た人たちが楽しい気持ちになってほしいからだともいっていました。

私はその学生の答えが信用できなくて、「本当は自分をほめてほしいからじゃないの？」と意地悪なことを言ってみたけど、その学生はきっぱり違うと言いました。他にも同じように答える学生が何人かいました。

そういう学生たちの深層心理は私にはわかりませんが、もっと上の世代では、前述のように自分と見比べて、自分はダメだとか、自分はこの人より上に行かなければダメだと思ってしまう人が多いように思います。

そして自分を認めてもらったという証が、いいねやフォロワーの数です。お互いのキャラ弁を見比べて、勝ったとか負けたとか思っているのでしょう。前述のサービスで投稿しているという学生に対しては理解できますが、そこから逃げたいと思っているなら、スマホから距離を置くことが大事です。

デジタルデトックスなんて無意味

ＳＮＳがゲームと違うのは、人が介在しているところです。オンラインゲームもありますが、ゲームのルールに従った人間関係です。人との自由なやりとりは中毒性があるから、どんどんハマっていくのではないかと思います。

映画を観たり、音楽を聴くというのは飽きたらやめられます。でも人とのやりとりはやめられないのだと思っています。

＊

第1章でも触れましたが、スマホ中毒をデトックスするために、デジタルデトックス合宿のようなビジネスがあります。電波が届かない場所で、1週間くらいのんびりするようなツアー。私も調べてみましたが、ツアー代金がものすごく高く、北米の森の電波の届かないコテージに宿泊するツアーがありました。スマホから離れるためだけに、お金をたくさん払って、山奥で合宿するなんて驚きですが、そこまでしないと、スマホを断ち切るのは難しいのでしょうか。

ネットの最初期の頃は、ダイヤルアップ接続だったので、その都度電話回線に接続していました。その頃は常時接続というのは夢のような世界でした。それがあっというう間に24時間オンラインでつながる時代がやってきて、それが当たり前になってしまったのです。ここから逃げるのはなかなか大変だと思います。

おすすめ動画はネット広告と同じ仕組み

ＳＮＳの用語の１つにエコーチェンバー現象があります。自分と同じような意見を持っている人をフォローしていると、自分が発信したコメントに対し、同じような意見がたくさん返ってくるという現象のことです。

ＹｏｕＴｕｂｅでも勝手におすすめの動画が出てきますが、確かに自分の趣味に合っていたりします。でもこれは自分が気にいったものと関連する情報が芋づる式に出てくるだけです。その仕組みがわかっていれば、そんなものだと思って深入りすることはないでしょう。

でもそういうリテラシーがない人は、ＹｏｕＴｕｂｅの政治的に偏った動画を観て、「新聞に書かれていることはぜんぶウソだ」とか言い出すわけです。それは偏った動画ばかり観ているから、おすすめに出てくるだけのことです。

＊

ネット広告も同じです。以前、ある大学教授がネット広告に激怒して、いやらしい広告ばかり出てくると言っていたという話を聞いたことがありますが、その先生がエッチなサイトばかり検索していたから、ターゲティング化されて、エッチな広告が貼られるようになっただけのことです。

法律を教える先生がオンライン授業をしていて、ネットのあるサイトを学生に見せたら、離婚専門の弁護士や離婚問題の探偵事務所の広告ばかり出てきて、この先生は離婚を考えているのかと学生が思ったという話を聞いたことがあります。実は、その先生は民法が専門で、離婚問題を研究していたから、そんな広告ばかり出てきたのです。

余談ですが、学生の間ではネット広告代理店は人気の就職先の1つです。私が教えていた学生の1人も、ネット広告の代理店に就職が決まったと喜んでいました。

学生たちによると、今やネット広告はリアルな広告よりも市場規模が大きいのだそうです。確かに、誰が観ているかわからない時間帯にテレビCMを流すより、その商品に関心を持っている人たちに向けてネット広告を打ったほうが効率がよいので、ネット広告代理店のほうが成長するのは当然のことだと思います。

メールをすぐ返さなくても問題ない

「メールは早く返さないといけないから」と、それをプレッシャーに感じている人がいます。メールをできるだけ早く返そうとするのは電話の影響があるのでしょうか。

今でも誰かと会話しているときに電話がかかってくると、「ちょっとごめんなさい」と言いながら席を立って電話に出るのは普通です。携帯電話のマナーモードができてからは、すぐに出ないことも多くなりましたが、でも出られるときはすぐに出るのが基本でしょう。

メールでも、人と話しているときに、メールが来たからと言って返信のメッセージを打ち込み始める人がいます。世代によっては、そういう行為は失礼だと受け取る人もいますが、比較的若い世代はできるだけリアルタイムでつきあわなければならないという思いがあるような気がします。

＊

ジャーナリストの津田大介さんは、記者会見のときにノートパソコンを開いて、ネットを通じて実況中継を始めるようになりました。取材のときもネットに接続していて、取材の現場をリアルタイムで中継していくのです。そこから「ツダる」という言葉ができたほどで、このスタイルはいまやいろんな人がやっています。

それ以前は、取材というと記者はメモをとったり、ＩＣレコーダーで録音するだけで、それを後で文章にしてメディアに載せるというやり方でした。それに対し、取材現場から直接中継するというやり方が生まれたわけです。

津田さんがそれを始めた最初の頃は、取材を受ける人に対して失礼だと言われていましたが、今は定着しています。ですから、何か他の作業をしているときに、パソコンを開くとか、スマホを見るというのは、そんなに失礼な行為ではなくなってきたと思います。

私が患者さんを診察しているときでも、「先生今ＬＩＮＥが入っちゃったから」と言って返信する患者さんがいます。昔なら、「今真剣に治療方針を話しているのに」と感じたと思いますが、今は別に何とも思いません。私と話しながらＬＩＮＥをしていても、「この人失礼だな」とはあまり思わなくなりました。

＊

今は誰もがマルチタスクで行動する時代。そして、それをみんなが許容する時代なので、逆に「今すぐできるでしょ」というプレッシャーがきつくなってきたのではないでしょうか。

「仕事中で返事ができなかったの」と言っても、まわりは容赦してくれません。「仕事中だろうが食事中だろうが、ＬＩＮＥの返信はいつでもできるでしょう」とみんな思うようになったのではないでしょうか。

それに加えて、ＬＩＮＥは相手がメールを読んだかどうか既読マークでわかってしまうので、他のことをしていても、早く返そうとしてしまうのでしょう。

若い人は早く返すことにさほどプレッシャーは感じていないようにも思います。学生に「卒論は〇日までですけど、大丈夫ですか？」とＬＩＮＥしても、既読が全然つかない人がいます。締め切り日の前日になって、やっと返事が来る学生も珍しくありません。すぐに返事をしなければと脅迫的に感じるのは、もしかしたら上の世代のほうが多いのではないかとも思っています。

ある時期、学生たちは授業中でもスマホを見ていて、上の世代の先生が憤慨していて、授業中のスマホが禁止になったことがあります。でも最近の学生は授業中にスマホを見ることは少ないようです。今の学生はそれほどスマホを信頼していないのかもしれません。

ＳＮＳでもアカウントを公開している学生はむしろ少数派で、友だちとの連絡用とか、趣味の仲間だけで使っている人が多いようです。ネットを通じて世界とつながりたいといった幻想はもはやないのではないでしょうか。その一方で、アカウントの鍵を開けると傷つけられたり、誹謗中傷のコメントが来たりするから、使い方が意外に閉鎖的な面もあります。

こうした若い人たちのネットの使い方は、ネットから逃げたいと思っている世代にとって大いに参考になるのではないでしょうか。

第6章

「逃げる」は戦うことでもある

相手を勝たせたまま逃げてはいけない

この本でメッセージとしてお伝えしたかったのは、精神的につらいときには逃げてもよいということ。でもいざ逃げようとしても、うまく逃げることができない人がたくさんいることも事実。そこで逃げるためのヒントを、これまでの章で述べてきたつもりです。

ただ相手を勝たせて逃げるのだけはお勧めしません。パワハラやセクハラから逃げるために会社を辞めるにしても、組合なり会社の相談窓口などがあるなら、まず相談するべき。そのうえで、最終的にやめるという判断をするというのがよい逃げ方です。パワハラ上司が何でやめたのか気付かれないでいなくなるのは、よい逃げ方とは言えません。

SNSなどでも、さんざん攻撃されたあげく、疲れ切って沈黙したら、相手が勝利宣言をするようなことがあります。おそらくアカウントを消してしまったとしても、相手はあなたが知らないところで、自分が勝ったと言いふらしているかもしれません。

逃げたことが、自分を攻撃した相手を正当化する根拠になるのはつまらないと思いませんか。

逃げるといっても、フェイドアウトするのではなく、それなりに戦ってから逃げないと、精神的に追い込まれた状態を引きずったままなので、本当の意味で逃げることにはならないと思います。

夜逃げするのにも勇気がいる

夜逃げするにしても、荷物をまとめるとか、逃げることが気付かれないように日時を選ぶとか、夜逃げを成功させるために、いろいろ考えて行動すると思います。見つかったら何をされるかわかりませんから、いざ行動に移すときは勇気がいるものですし、行動すること自体が戦いだと言えます。実際に逃げる前に、そのことを考えてほしいのです。

例えば、ＤＶ（ドメスティック・バイオレンス）夫に苦しんでいる女性が逃げるとき、それは戦いのようなものです。まずは家出して逃げるにしても、夫が探し出すかもしれないので、ＤＶシェルター（ＤＶの被害者を加害者から一時的に隔離し保護する施設）に駆け込んだり、どうすれば離婚できるか専門家に相談する必要がありますが、それは大変なことなので、実際逃げることを結局あきらめてしまう人もいます。

患者さんでも、夫の問題で悩んでいる人がいます。その夫が変わる可能性がないと思ったときは、患者さんが行動を起こして、離婚や別居を考えたほうがよいとアドバイスすることがあります。しかし初診のときにそれを言ったら、患者さんは「ああ、先生は何もわかっていない」と思うでしょう。まずは十分に患者さんのつらさを共有した上で言わないといけません。第３章で述べたように、背中を押すタイミングが重要なのです。

逃げた自分をダメ人間と思わない

逃げたくても逃げられないという人は、どんなことに対しても、自分ががんばってなんとかしないといけないと考えてしまうようです。でもそれでは、逃げるという発想も出てきません。自分が悪いんだから、なんとかしなければと思うだけです。

この会社がおかしいということに気付いてから、初めて逃げることができるわけです。労働組合や相談窓口に相談しても改善しないのであれば、会社をやめたほうがいい。つまり逃げたほうがよいと気付くことができます。

それに気付かず、責任はすべて自分にあると考えて、「私がここにいてはみんなに迷惑がかかる」と言って会社をやめたとします。そういう人は、同じような理由でまたやめていくような気がします。そうやって、やめるのを何度も繰り返すのは、よい逃げ方とは言えません。そうではなく、もしかしたら、今私が置かれている状況のほうがおかしいのではないかと気付けたら、正しく逃げることができるのです。

＊

転職したいという卒業生の相談で、よく話を聞いたら明らかにパワハラが原因で、つらい状況に追い込まれていることがわかりました。

私はその学生が悪いわけではなく、会社に問題があるのだから、上の人に言うとか、会社の相談窓口に言ったほうがいいとアドバイスしました。その話を聞いても学生は「えっ？」という反応をしていました。

まずはそこに気付いてほしいのです。気付けば、自分の生き方は変えられないし、変える必要もないのですけど、そこから逃げようと思えるようになると思います。

だから逃げるときに自己嫌悪に陥る必要もありません。「私はダメな人間だ」とか「負け組だ」とか思う必要もまったくありません。「また逃げ出しちゃった」といった自己肯定感が下がっていく逃げ方はよくありません。

どうせ逃げるなら、後ろ足で砂をかけるぐらいの逃げ方でないと、逃げる喜びを感じられないのではないでしょうか。

最後は自分で決めて行動する

精神科医は、患者さん自身が答えを出すまでじっくり話を聞くのが基本です。カウンセリングでも、「最終的に決めるのはあなたです」と言うのですが、いつまでも答えが出せない人もいます。でも職場や家族など、現在置かれている環境で悩んでいるなら、何か行動しないと解決しないと思います。そんなときはタイミングが重要ですが、そっと背中を押すことがあります。

今がそのタイミングだと思っても、外してしまうこともあります。「そんなことを言われてもできない」「先生は私が悪いというんですか？」と言う人もいるので、確かに難しいことではあります。

でも時間がたってから、「あのとき先生に背中を押してもらって、本当によかった」と言ってくれる患者さんもいるので、やはり最後は何か行動しなければ解決しないと思っています。

＊

この本を読まれている方も、誰かの愚痴を聞かされることがあるのではないでしょうか。愚痴を聞いていると、例えばハラスメントを受けている上司の愚痴を言っているなら、「会社をやめたらどうですか？」と言ったり、毒親の愚痴に対して「私なら家を出て行きます」と言ったり、何か具体的なアドバイスをしてあげたいと思うことがあるでしょう。

でもそのタイミングを間違えると、愚痴っている人は「この人はわかってくれない」と思って、ますます傷ついてしまう可能性があります。せっかく有効なアドバイスをしたと思っても、タイミングが合わないと、当事者は行動を起こすことに踏み切れないものです。

自分の身は自分しか守れない

2022年11月、社会学者の宮台真司さんが刃物で刺される事件がありました。宮台さんは武道の護身術で対応したとSNS（2023年2月8日のTwitterなど）でも発言しています

誰もが護身術を学べばよいと言うわけではありませんが、いざというときに、自分の体を守れるのは自分だけだと思います。

＊

私も患者さんに、性教育的な話をしなければならないことがたまにあります。そんなとき、自分の体は自分でしか守れないということをよく言います。

とくに女子の場合、望まないことを彼氏に求められることがよくあります。例えば、SNSで知り合った男性から、裸の写真をメールしてほしいと言われたとします。そんなとき、本当は嫌だけど断わったら嫌われるかもしれないと思って仕方なく、「いいよ」と答えてしまう。それが愛情だと勘違いして、男性の求めに応じてしまうこと

があります。

その行動は、相手を大切にしているわけではないし、愛情がある行動でもありません。むしろそれをしたら、結局自分が傷ついてしまうことになります。だからそんな問題に悩んでいる女子には、自分が傷つかないこと、自分を守ることを一番に考えると自ずと答えが出てくるものだとアドバイスしています。

＊

コロナ禍でも、感染を防ぐには自分がいかに気をつけるかが大事だということを、偶然ですけど、私たちは学びました。

いくらまわりの人たちが気をつけてくれても、自分が手洗いをおろそかにすれば、感染する確率が高くなります。

あるいは災害に遭遇したら、最後は自分で判断して逃げないといけないのですから、自分を一番大事にすることは忘れないでほしい。とにかく何をすれば自分を大切にすることになるのかをいつも考えておきましょう。そこから、具体的に何をすればよいのかを決めていけばよいと思うんです。

こういうことを言うと、「自分だけ助かればそれでいいのか？」という声が聞こえてきそうですが、自分が助からないと、他人を助けることもできません。自分を大事にできたら、次は他人を大事にしよう。そのくらいの気持ちで行動しないと、今の時代はサバイバルしていけないのではないかと思います。

「まあいいか」はやめよう

会社でハラスメントを受けているのに、「まあいいか」と思ってしまったり、人に好かれたいと思って自分の気持ちとは真逆の行動をしてしまうのは、自分を大事にすることではありません。

インスタの画像投稿でも、そんなことを感じます。いつも子どもを連れて公園に行き、写真を投稿しているけど、もう疲れてしまって公園に行きたくないと言っていた女性の話です。

疲れたからといって、投稿をやめたら、みんなに画像を見てもらえません。「あの人、どうしたんだろう?」と思われるかもしれません。そう考えて、本当は嫌だけど体にムチ打って公園に行くという患者さんがいました。

インスタ投稿でくたびれ果てて、眠れないから睡眠薬をくださいと言われましたが、これは本末転倒もはなはだしい。結局、彼女は他人を大事にしているのではなく、他人からどう見られるかを大事にしすぎているのだと思います。

それより、「自分がどうすればつらくなくなるのか？」を優先して考えたほうがよいのではないかと思う人がけっこうたくさんいます。

誤解してほしくないのは、自分を大事にするから、他人を犠牲にしてもよい、他人に罵詈雑言を投げつけてもよいということではありません。

＊

自己犠牲は昭和の美徳

今の日本人はみんな自分勝手になりすぎているのだから、もっと公を大事にするべきだという論調もありますが、それはまったく逆で、第3章で述べたように、今の人は個人の確立ができてないので、その結果として、自分を大事にできない人のほうが圧倒的に多いのです。

だから自分で決められない人が多いのでしょう。自分の意見は別にないという人もいますし、意見がないから選挙に行かないという人も多い。「私はこういう考えを持っています」と言えないのは、やっぱり個が確立されていないからだと思います。個が確立されていれば、「ここから逃げよう」と思ったら実行すればよいだけのはずなのに、逃げたら誰かに迷惑がかかるとか、逃げたらみんな自分のことを非難するだろうといったことを先に考えてしまう人が多いのです。

その結果、どんなつらい状況にも耐えられてしまう。さらに旧い日本の文化の中には、自己犠牲が美徳であるというメンタリティーがあるので、自分よりも他者を大切にして「おもてなし」をするわけです。でもそのメンタリティーには、日本人を不幸に導いてきた側面があると私は思っています。

わきまえる空気が個の自立を阻んだ

２０２０年、東京五輪・パラリンピック大会組織委員会会長（当時）の森喜朗氏が、「わきまえる」発言をして、その後しばらくこの言葉がブームになりました。女性は発言したがるので女性理事が多い会議は時間がかかる。だから次からは「わきまえている女性を理事に選びたいという主旨の発言で、これがきっかけに森氏は組織委員会の辞任に追い込まれました。

森氏がこのとき言っていた女性の多い理事会とは日本ラグビー協会のことです。このとき理事と新リーグ法人準備室長を務めていた谷口真由美氏に対するコメントだったと言われ、谷口氏はその後、室長を解任されています。

この「わきまえる」という言葉は、女性だけでなく、日本人を不幸に陥れた言葉だと思っています。逆に言えば、わきまえないと社会の中で生きていけないということです。「忖度」という言葉も流行りましたが、そのためにやりたいことができなかったり、やめたくてもやめられないことで苦しんできた人がたくさんいます。

＊

皇后雅子さまも、「わきまえる」で苦しまれた女性の1人だと思います。雅子さまはソ連（当時）やアメリカで育ち、外務省に勤務していたこともある方ですから、自己実現にあこがれて生きてきた人だと私は思っています。だから皇室に入るときも、自分にしかできない公務というものを追求したかったのでしょう。でも皇室という特殊な環境で浮いてしまい、うまく適応できず、メンタルを病んでしまったのではないかと私は想像しています。

皇室でなくても、日本社会というのは、「私は自分がやりたいことをやります」と言おうものなら、まわりからバッシングされ、メンタルを病んでしまうようなことが多々あります。

戦後の日本は、「自分らしく生きる」のはすばらしいと言われていたのに、実際にそういう生き方をしようとすると、あの人は「わきまえていない」といって排除されてしまうのです。

やはり戦後、日本では「自立する女」を始め、自立という言葉がおまじないのように唱えられてきましたが、本当の意味での自立はこの国ではまったく実現されてないと思います。

背伸びしてデキる女を目指した時代

1985年に男女雇用機会均等法が成立してから、女性の自立がマスコミで盛んに言われるようになりました。キャリアウーマンという言葉も流行りましたし、肩パットの入ったスーツを着て、背伸びではあったかもしれないけど、80年代から90年代の初め頃までは、自立した「デキる女」を目指していた女性たちがたくさんいました。

男性も女性も収入がそこそこあったので、子どもを持たないＤＩＮＫＳ（ダブルインカム・ノーキッズ）という生き方を選ぶカップルもいました。夫婦で仕事を持っている人たちが、お金を自由に自分たちのために使えて、自分たちの好きなものを追求して生きるようになったわけです。

ただ次世代に対して責任を取る必要がないと思っていたから、今起こっている少子化については何も考えていなかったことになりますが、当時は男性も女性も自立ということを意識していたと思います。

背伸びすることをやめた女性たち

それがバブル経済崩壊の後は、背伸びすらしなくなりました。経済的な自立なんて無理だから、それより「愛され系」になりたいという女性が出てきました。

90年代になって、『CanCam』のような若い女性向けの雑誌を久しぶりに見たら、愛され系になるための特集が組まれていて、驚いた記憶があります。シフォン素材の透けて見えるミニスカートが一時流行っていて、私にはものすごく男性に媚びたファッションに見えました。デキる女的なものに対するバックラッシュ（揺り戻し）がこれほどすごかったのかと思いましたね。

これは最近のSNSで見たのですが、教授の家にお呼ばれした女子学生のファッションが、とてもかわいいミニスカートでした。そこまでできるのは、むしろあざといのかもしれませんが、今の学生たちを見ていると、自立した女やデキる女に対する反動が続いていると思います。そして状況は90年代よりもっと悪くなっています。

＊

いまや男子も料理をはじめ家事ができる時代なので、女子も男子もニュートラルに見えます。でも男子も昔のように優遇されていないので、お金がありません。だから今は男子と女子で力を合わせて世帯収入を確保しなければ結婚生活はできないし、子どもも産み育てられないと思っているようです。

そんな時代ですから、90年代のように愛され系になって、玉の輿に乗ることを考える女子もいなくなってしまいました。

転勤や海外勤務を嫌がる若者

今の学生は世界で活躍したいという気持ちもあまりありません。能力が高い学生でも、営業で採用されると全国転勤があるから関東だけの転勤しかない一般職に就くとか、○○という部署に行ったら海外転勤があるから行きたくないと言ったりします。私が「海外転勤なんていいじゃない！」と言うと、「海外と言ってもアメリカとは限らないですから、」と答えます。チャレンジ精神という言葉はもはや死語ですけど、そういうものはほとんどありません。

転勤は関東の中だけでよいと言っている学生は都内の実家に住んで、都内の大学に通っています。だから第3章で述べたような、実家を出ようという気持ちもあまりありません。

実家にいれば経済的には楽でしょう。その一方で、自分が本当にやりたいことを追求している学生は極めて少ない。だから心が脆く、入社した会社がひどかったりすると、メンタルを病んでしまいます。

＊

卒業した教え子が、「先生に相談があります」といって受診することがあります。話を聞くと、ある程度まではうまくいっているけど、ちょっとしたことでつまずいてしまうようです。自立できていないから、「次に何をしていいのかわからない」といって途方にくれてしまうのだと思います。

大学生の頃は、「私って何だろう？」「何をしたいんだろう？」と葛藤しながら、やりたいことを見つけていく年齢だと思います。それがないまま人生がうまくいけばよいのですが、そういう学生たちは何かにつまづいたときに脆いような気がします。

「苦労は買ってでもしろ」といったら明治時代の人みたいですが、少しは「ここじゃない」と迷ったり、「それは違うぞ！」と反発することは必要です。「ここが違うとしたら、どこが正しいんだろう？」と迷った経験がないと、それこそ逃げるのも難しくなってしまいます。

「私はこれが好きだ」を大事にしよう

これは逃げるための本ですが、成長や自立からは逃げないでほしいのです。自分が生きていく上で、変化することはとても大事。そこは刃向かってよいと思います。

第3章でゼミで批判の練習の件について述べましたが、今の学生は批判もなかなかできません。批判することができれば、SNSで誹謗中傷されても、「こいつ何言っているんだ」と思って無視したり、反論もできるでしょう。ハラスメントを受けた相手を批判してからやめるという行動もできると思います。

＊

人生の中には、いつか戦わなければならないことが必ずやってきます。そのときに、逃げることを選択するにしても、一回刃向かってから逃げる必要があるということです。あるいは、親しい人に対しても、「ここは譲れない」「私はここにこだわりがある」と言うことが大事です。他人が嫌いだと言っても、私はこれが好きなんだ。そこをしっかり考えてほしいのです。

それは考え方だけではなくて、好きなアイドルでも、食べ物でも、洋服でも何でもよいのです。他人がそんなのはダサいと言っても、自分はこれが好きだということのほうが大事です。譲れない部分があるなら、そこは貫いてほしいと思います。

高齢になるほど重要な選択が増える

若い人たちの話をしてきましたが、上の世代でも同じです。それほど大変な目にも遭わずに50代、60代まで生きてきた人たちは、親の介護であるとか、自分やパートナーが病気になるとか、むしろこれから面倒なことが起こる可能性があります。

今北海道の診療所で高齢者を診ていますが、その人たちに、死について聞く場面があります。

＊

第3章で人生会議の話をしました。どうもこの言葉がピンときませんが、要するに「死ぬときはどうしたいですか？」と言うことです。究極の話になりますが、それを診療のときに聞くことがあります。

もしものときは延命措置をしてほしいかどうかなどを尋ねるのですが、そうすると患者さんは自分で考えて、延命措置はしなくてよいとか、あるいは1秒でも長く生きていたいといった答えを出さないといけません。

死についてだけでなく、病気になって手術をするかしないかということに答えないといけない場面もあります。高齢になればなるほど、大変な選択を迫られる場面が多くなります。

そのときも、考えたり、決めるのは自分です。日本の社会は、今までは何となく家族が決めたりしていましたが、ここは逃げない自分で決めてほしいのです。自分がよく考えて、家族に迷惑がかからないような選択をする。病気への向き合い方や人生の終わり方ぐらいは自分で決めたほうがよいのではないかと私は思います。

自分の意見をしっかり持つ

人生長く生きていれば、逃げられない場面が絶対にやってきます。今まで逃げずにすんできた人は、考えることから逃げていたのかもしれません。例えば、今は少子高齢化だから、家業がある人は誰に継がせるとか、老後はどこで暮らすのかといったことを考えて、決めないといけないとしたらどうしますか。

日本人は問題を先送りしたがるので、病気のことは医者にまかせておけばよいとか、家のことは子どもたちが何とかしてくれるだろうと考えがちです。でももはやそれでは逃げ切れません。これからますます自分で決めなければならないことが増えてきます。

大きな話になりますが、ウクライナとロシアの戦争についても、日本も岸田首相がウクライナを訪問したりゼレンスキー大統領が訪日したりしたわけですから、この戦争とは無関係ではありません。これまでとはまったく違う事態がいろいろ起こっている中で、お上にまかせておけばなんとかなる状況ではなくなってきています。物価も上がってきていますし、年金も増えないとなれば、生活はいっそう苦しくなります。

国の政治も自分とは無関係ではないので、「そこは国にまかせておきましょう」というわけにはいきません。そんな時代だからこそ、自分の意見を持つことが重要です。

サバイバル時代の逃げ方とは？

まわりの人たちと意見が違う、家族で意見が違う、夫婦の間でも違う意見はあるものです。例えば原発をどうするかという話にしても、妻の「原発はもうこりごり」という意見に対し、夫は「電気代が上がるから再稼働したほうがよいのでは？」という意見かもしれません。実際、第3章でも述べましたが、こうした夫婦間での意見の対立が、福島原発事故の後に起こっています。

別に反原発運動をしている人のように大声で言う必要はありませんが、自分の意見は持っておいたほうがよいと思います。選挙に行くときの判断材料にもなるでしょう。日本が成長している国だった頃は、国や社会に対する信頼感があったので、「まじめに働いていれば何とかなるだろう」で生きていくことができました。しかし、もはやそんなことは言っていられない時代になりました。

＊

なにしろ、第5章で述べたように、若い人たちの就職希望先も大企業志向ではなく、ネット広告の代理店とかに行こうとしている時代です。もっと上の世代だったら、都市銀行の名前が出てきたと思いますが、学生に聞くと「そんな銀行、20年後にあるかどうかわかりませんよ」と平気で言います。学生たちには、名の通った企業は永遠に続くという幻想がないので、その意味では希望が持てるかもしれません。

若い人は戦うことを知らないからメンタルが弱いと言いましたが、今の就職などに関しては、自分たちなりにサバイバルしていると思います。

そういう意味で、現代はしっかり考えて逃げないと、逃げ切れない時代なのだとも思っています。

あとがき

さて。

ここまで〝逃げる旅〟におつき合いいただいたあなたは、今どこに到着しているだろうか。

——逃げていいんだ、ということがわかった。今のハードな会社でとことんがんばらなければと思ってたけど、好きな山歩きができるところに引っ越しして、リモートワークでオーケーというもっとユルい会社に転職しようかな。

そうそう、それでまったく問題ないと思う。

——逃げられたらいいだろうな。でも私、今子育て中だから逃げたくても逃げられない…。

なるほど。だとしたら、たまにはネットで思いきりロマンティックなドラマ見て、心だけでも現実逃避してみてはいかが。

——いつでも逃げられる、って思ったら、もう少し今の家族とがんばってみよう、という気持ちになってきて。

おお、それはすばらしい。「逃げたっていい」と思いながらここで踏ん張ってみる、ってとてもステキ。

「なんだ。結局、なんでもいいってこと?」と思う人もいるかもしれないが、実はそう。別の場所に逃げちゃってもよし、心だけ現実逃避をするもよし、逃げないという選択をするもよし。大切なのは、「逃げても逃げなくても、私の自由」と思う気持ちを手放さないことなのだ。

そういう私は、第一の選択、「別の場所に逃げる」というのを実践した。昨年から北海道むかわ町穂別という山の中の小さな地区の診療所で働き出したのだ。知人などからは「新しい挑戦ですね! すごい」などと言われて、返事に困ってしまう。どちらかといえば、挑戦というより、東京での大学教授や精神科医さらにはコメンテーターなどの仕事から逃げ出した、というのに近いからだ。とはいえ、「逃げたんですね!」と言われるよりは、「いくつになっても挑戦するってすばらしい!」と言われる方が気分も良いので、ほめられたときは「まあね、やれば誰にもできますよ」などと答えてごまかしているが。

もちろん、逃げたらすべてがパラダイス、というわけではない。私の場合、地区には外食ができる店がほとんどなく、一軒しかないコンビニも23時には閉まってしまうので、常に食料品や日用品の入手を心配しながら暮らさなければならない。映画館もジムもライブハウスもカフェもないので、夜は家でジッとしているだけだ。診療所の中はもちろん、外でも「あ、先生」と言われる。匿名でいることは無理なので、たまには地区内の美容院や銭湯にでも行こうかなと思っても、ちょっとためらってしまう。

「えー、そんな生活、絶対できない」と言う人には、私のような逃げ方はおすすめしない。そういう人は今いる場所で生活しながら、夜は趣味の和太鼓のけいこに没頭して仕事のことなんかどうでもいいと思うようにする、など別の逃げ方をチョイスすればいいのだ。

「私らしい生き方」ではなくて、「私らしい逃げ方」。この本を通して、そんなシミュレーションをしてもらえれば幸いである。

本書は、エクスナレッジの加藤紳一郎さんの企画でスタートし、ライターの福士斉さんの協力を得て、でき上がったものだ。「逃げる」などという、一見、消極的でネガティヴなテーマを扱った本だが、オンラインでの語り下ろしの時間は毎回、笑いがいっぱい、話し終わるといつも〝肩の荷が下りた〟という感じがした。「がんばろう」「ポジティヴに」という強迫観念から逃げるだけでこんなにラクになれるんだな、と私自身、まさに身をもって知ったのであった。加藤さん、福士さん、本当にありがとうございました。

簡単に逃げられない人でも、ちょっとなら逃げられる。実際に逃げられない人でも、空想でなら逃げられる。そしていよいよになったら、私のようにドカーンと遠くに逃げればいい。私のそんな気持ちが伝わったなら、とても嬉しく思う。

私の〝逃げる旅〟はまだまだ続く。三年後あたりはもっと遠いところに行くかもしれないし、意外にも「東京に逃げ込む」というチョイスをするかもしれない。今独学でやり直しているピアノ演奏に自信がついたら、医者の仕事から逃げて全国で小さな演奏会をする、などという道もあるかも……。逃げ方の空想は本当に楽しい。

次はぜひ、あなたが自分自身の逃げ方を考えて、それを語ってほしい。いつかそれを聴けるのを楽しみにしている。

花いっぱいの穂別にて　香山リカ

参考文献

浅田彰『逃走論　スキゾ・キッズの冒険』(ちくま文庫)

桜木武史『シリアの戦争で、友だちが死んだ』(ポプラ社)

佐野洋子『死ぬ気まんまん』(光文社文庫)

佐野洋子『シズコさん』(新潮文庫)

小倉千加子『結婚の条件』(朝日文庫)

香山リカ（かやま・りか）

1960年札幌市生まれ。東京医科大学を卒業後、精神科医となる。臨床のかたわら帝塚山学院大学教授、立教大学教授などとして教育活動にも携わる。豊富な臨床経験を活かして現代人の心の問題を鋭くとらえるだけでなく、政治・社会評論、サブカルチャー批評など幅広いジャンルで発信を続ける。50代になってからかねてからの夢だった総合診療医としての勉強を始め、2022年4月より、北海道のむかわ町国民健康保険穂別診療所で僻地医療に取り組んでいる。学生時代に始めた執筆活動、週末の東京での精神科医としての臨床はいまも継続中。北海道と東京、二拠点生活を楽しむ日々を送る。趣味は、北海道日本ハムファイターズの応援。

逃げたっていいじゃない

2023年7月13日　初版第一刷発行

著　者　　香山リカ
発行者　　澤井聖一

発行所　　株式会社エクスナレッジ
〒106-0032　東京都港区六本木7-2-26
https://www.xknowledge.co.jp/
問合先　　編集 TEL.03-3403-6796　FAX.03-3403-0582
販売 TEL.03-3403-1321　FAX.03-3403-1829
info@xknowledge.co.jp